A Jornada do Eu Integral

Os Sete Grandes Caminhos para o Seu Propósito

A Jornada do Eu Integral

Os Sete Grandes Caminhos para o Seu Propósito

Por Fábio Moraes

QUALITYMARK

Produção Editorial
EQUIPE QUALITYMARK

Direção Editorial
SAIDUL RAHMAN MAHOMED
Editor@qualitymark.com.br

Editoração
RODRIGO BARBOZA

Ilustrador Capa
DIÓGENES SANTANA

Ilustrador
REVERSON CASTILHO

CIP-BRASIL. CATALOGAÇÃO NA PUBLICAÇÃO
SINDICATO NACIONAL DOS EDITORES DE LIVROS, RJ

M82j

Moraes, Fábio
A jornada do eu integral : os sete grandes caminhos para o seu propósito / Fábio Moraes. - 1. ed. - Rio de Janeiro : Qualitymark, 2023.
288 p. : il. ; 23 cm.

ISBN 978-85-414-0429-7

1. Espiritualidade. 2. Desenvolvimento pessoal. 3. Autoconhecimento. I. Título.

23-83948 CDD: 158.1
CDU: 159.947.5

Gabriela Faray Ferreira Lopes - Bibliotecária - CRB-7/6643

2023
IMPRESSO NO BRASIL

Qualitymark Editora Ltda.
Rua Carlos Machado, 155 / Sala 207 - Polo Cine e Video - Jacarepaguá
CEP: 22775-042 - Rio de Janeiro - RJ

www.qualitymark.com.br
E-mail: quality@qualitymark.com.br
Tels.: (21) 3597-9055 / 3597-9056
Vendas: (21) 3296-7649

Alan Kardec
Hermes Trismegisto
Annie Besant
Helena Blavatsky
Pretos Velhos
George Gurdjieff
Rudolf Steiner
Mundo do Céu
Propósito
Dinheiro e Trabalho
Saúde
Relacionamentos
Autodesenvolvimento
Autodeconfiança
Transcedência
Engajamento
I
II
III
IV
V
VI
VII
Otto Scharmer
Maria Montessori
Edgar Morin
Paulo Freire
Domenico de Masi
Perter Senge
Marie Curie
Mundo da Terra

Sumário

Sobre o Autor

Por Luciano Santos

@lucianoresponde

www.lucianoresponde.com.br

"Sua supervisora disse que você está doente e isso seria um problema para eu lhe contratar, mas queria ouvir de você antes."

Essas foram as palavras do Fábio lá no final dos anos 90, quando eu trabalhava em uma central de atendimento de *telemarketing* de um projeto recente que tinha sido lançado em uma parceria entre a Folha de SP e o grupo Abril, chamado UOL (Universo Online, hoje um dos gigantes da internet), no qual ele era um gerente-sênior recém-chegado.

Para vocês entenderem o que elas significam, e um pouco sobre a personalidade – e liderança – humana do autor deste livro, eu preciso dar um pouco mais de contexto.

Na época, eu trabalhava como atendente de suporte ajudando os novos assinantes do UOL a conseguirem uma conexão com a internet, utilizando seus modens e linhas telefônicas (se você também estiver na casa dos 40 e poucos, assim como eu, deve ter se lembrado – e até ouvido – do som característico do telefone fazendo a conexão). Não era um trabalho particularmente difícil, mas eu morava longe e fazia faculdade ao mesmo tempo, tinha os horários todos quebrados com as aulas, às vezes plantões à noite na central e outras correrias da vida, que me faziam ter apenas quatro ou cinco horas para dormir diariamente.

Eu achava que a falta de sono não seria um problema, mas, a longo prazo, qualquer violência ao nosso corpo – ainda mais relacionado a algo tão importante quanto o sono – cobra um preço. Não demorou muito para a conta chegar: passei a ter crises de pânico em que eu, literalmente, "travava" e não conseguia me mexer e nem falar por alguns minutos. Tive dois episódios durante o meu expediente na empresa que me fizeram ir para o pronto-socorro.

É aqui que começa a minha história com o Fábio. Ele foi contratado para montar uma operação de atendimento eletrônico, que na época consistia em dar suporte para os nossos milhares de anunciantes – que não paravam de chegar – via e-mail. Apesar de ser um trabalho parecido em essência, era dentro do horário comercial – sem mais plantões na madrugada e final de semana–, não havia mais o contato telefônico e teríamos espaço para testar algumas automatizações e outras formas criativas de atender os clientes. Era claramente uma movimentação positiva e que foi muito disputada internamente.

Para entrar nesta área, era preciso saber escrever bem (eu cursava letras na época), ter razoável noção de inglês (eu tinha) e passar por uma bateria de entrevistas até chegar no papo final com o Fábio. Eu me joguei no processo, passei pelos filtros, por todas as entrevistas iniciais e estava prestes a ir para a etapa final.

Como quase tudo na vida, crescer traz desafios diretos e indiretos. Eu encontrei um enorme. Durante o processo seletivo para mudar de área, a minha supervisora à época achou que era relevante contar para o Fábio sobre o meu histórico de saúde, e os episódios em que passei mal no trabalho. Não sei se por maldade, medo, ou até mesmo certa inexperiência em gerenciar pessoas, mas, de acordo com o contexto do mundo que eu tinha, principalmente sobre como os líderes (chefes?) se comportavam, aquilo parecia um verdadeiro desastre. Eu tinha certeza ABSOLUTA de que seria imediatamente reprovado quando soube que o novo gerente estava a par da minha situação.

Só que o nome do gerente era Fábio, alguém que, mesmo com toda aquela influência externa jogando contra, tem um olhar diferente para as pessoas. Ele não olhava apenas o currículo, o momento, a dificuldade, mas sim todo o ser, de forma integral e integrada, indo até mesmo para o nosso lado espiritual – seja lá o que isso signifique para você. Ele olhou o meu filme todo, não apenas a fotografia.

Voltando para a frase do começo da história: ***"Sua supervisora disse que você está doente e isso seria um problema para eu lhe contratar, mas queria ouvir de você antes."***

Eu gelei quando escutei esta frase saindo da boca do Fábio. Mas, mesmo contra o meu instinto e minha pouca experiência profissional – que me diziam para tentar inventar algo ou diminuir o que quer que a minha supervisora tivesse falado para ele –, resolvi abrir o jogo e ser completamente sincero sobre a situação. Contei, com riqueza de detalhes, tudo o que estava acontecendo, as minhas crises, os episódios na empresa, o tratamento que eu estava fazendo para melhorar e até mesmo o nome do remédio que eu estava tomando. Depois de pouco menos de 30 minutos de conversa, com o olhar paternal e doce – conhecido apenas por quem convive com o Fábio – , ele me disse: ***"eu não julgo as pessoas por casos isolados, se você está me dizendo que consegue fazer bem o trabalho, eu acredito. Passou em todas as entrevistas e em todos os testes e tem um ótimo perfil para trabalhar aqui, seja bem-vindo para o time."***

Eu fiquei em um certo estado de choque.

Apesar de estar muito feliz com a decisão e em dar um passo que considerava positivo na minha carreira, eu não conseguia entender como um gerente iria contratar uma pessoa "problemática" para a equipe. Honestamente? Se eu estivesse no lugar do Fábio naquele momento, e de acordo com o meu conhecimento de mundo, eu provavelmente não o faria.

Na época eu era muito novo e pouco experiente quando o assunto era o mundo corporativo, havia tido apenas alguns poucos gerentes durante a minha carreira até ali e a maioria deles era fã da escola "eu grito, você obedece e é assim que o mundo gira". Ter ali na minha frente um líder que parou para escutar a minha história, desconsiderou uma aparente tentativa de me desqualificar no processo, um problema de saúde e que, principalmente, confiou em mim, alguém que ele mal conhecia, era algo que eu sequer sabia que existia nesse mundo. Só anos depois eu fui entender que tive a sorte de cruzar com um grande líder humanizado, que já falava sobre e praticava a humanização no trabalho décadas antes do tema estar em evidência e badalado como hoje.

Só que esta história não impactou apenas aquele meu momento de carreira, ela foi muito mais longe comigo. Depois que eu e o Fabio seguimos caminhos diferentes profissionalmente, nunca mais saí do mundo da tecnologia. Trabalhei em grandes empresas – Google e Facebook foram as mais expressivas –, na maior parte como executivo. Numa dessas experiências, já como diretor da área de vendas, lembro de um dia em que uma das vendedoras do time me pediu para ter uma conversa meio de supetão. Achamos uma sala vazia no canto do escritório e ela, sem conseguir conter o choro, contou que estava enfrentando um grande desafio pessoal, e sobre como isso vinha afetando a sua saúde e da preocupação que tinha com os resultados daquele trimestre.

Eu me vi nela como se estivesse olhando para um espelho que remetia ao passado, como se fosse eu ali, na minha conversa com o Fábio, abrindo o meu coração com o medo de ser julgado, reprovado e excluído. Antes mesmo que ela terminasse de falar, eu a interrompi e fiz questão de dizer que estava tudo bem, que todos temos os nossos desafios, que nem eu, e nem a empresa, iriamos julgá-la por um momento curto, e que estávamos todos ali em um jogo de longo prazo, que ela poderia contar comigo, com a empresa e com todos os colegas naquele momento.

Acho que esta foi uma das grandes lições que eu aprendi com o Fábio: não é somente uma questão de olhar as pessoas de forma humanizada, que em si é muito importante, mas de lembrar que o trabalho e nossas vidas pessoais estão integradas, são inseparáveis, e que o que mais importa é o filme que vamos cocriar com todos que estão ao nosso redor, incluindo as empresas, e não apenas pequenos momentos e fotografias que não fazem jus ao todo. É uma lição que eu levo para a minha própria vida e para todos que interagem comigo profissionalmente.

Quando eu olho para trás e penso nos grandes líderes e grandes profissionais que me inspiraram, o Fábio está lá, entre eles, em lugar de destaque. A semente da humanidade, de um olhar amplo sobre o ser, de que dá para fazer de forma diferente, cresce até hoje dentro de mim. O mundo corporativo não precisa ser um lugar de sofrimento, a nossa vida não precisa ser um lugar de sofrimento, podemos, sim, encontrar satisfação, felicidade e equilíbrio em nossas jornadas profissionais e pessoais. Eu acredito nisso.

Que a leitura do livro a seguir toque todos vocês de uma maneira única, assim como os ensinamentos do professor Fábio me tocaram um dia. E que gere muitos frutos, tantos que vocês terão que dividir com outras pessoas ao redor.

Boa leitura.

Apresentação

A Jornada do Eu Integral: *Os Sete Grandes Caminhos para o Seu Propósito* é o resultado de décadas de estudo e atuação como executivo, professor, mentor e pesquisador sobre espiritualidade.

Esta obra pretende trazer, de forma simples e descontraída, temas profundos e significativos ligados aos chamados plano espiritual (Mundo do Céu) e plano material (Mundo da Terra) para que você possa trilhar os Sete Grandes Caminhos rumo à descoberta do seu Propósito na Terra.

Por meio de uma integração inédita entre espiritualidade, educação e gestão, é proposta uma trilha que irá deixar mais claro para você o Propósito da sua experiência terrena, partindo da premissa de que todos temos algo notável a fazer neste planeta com o objetivo de ganharmos experiências, testarmos nossas virtudes e contribuirmos para a melhoria do todo em suas diversas dimensões.

Os Sete Grandes Caminhos irão influenciar nas suas finanças, trabalho, saúde, relacionamentos, autodesenvolvimento, autoconfiança, transcendência e engajamento, e você estará mais preparado a elaborar um projeto de Propósito, também chamado de obra-prima ou missão superior, ou seja, sua entrega principal à nossa sociedade e demais espécies do planeta.

Você receberá oito planos de ação para que, a cada novo Grande Caminho, sua atuação na Terra fique mais clara e efetiva.

Prepare-se para ser apresentado à essência da obra de grandes pensadores e filósofos, como Peter Senge, Otto Scharmer, Paulo Freire, Helena Blavatsky, Rudolf Steiner, Domenico de Masi, Edgar Morin, entre muitos outros.

O objetivo será apoiá-lo no planejamento da sua melhor forma de viver, experenciar, aprender, ensinar e agir em sua vida e na vida das outras pessoas. Tudo isso na sua breve jornada terrena. Assim, as coisas farão mais sentido e a vida ficará mais colorida e com significado.

Boa leitura!

Fábio Moraês

Por que este livro é preciso?

"Em silêncio seu coração conhece os segredos dos dias e das noites. Mas seus ouvidos anseiam pelo som daquilo que seu coração sente. Assim saberiam em palavras o que sempre souberam em pensamento. Assim tocariam com os dedos o corpo nu de seus sonhos"

(O profeta, de Khalil Gibran)

A *Jornada do Eu integral* é uma metodologia para você descobrir seu Propósito na Terra com o apoio das duas grandes dimensões que nos envolvem, aqui chamadas de Mundo do Céu e Mundo da Terra. Sem o conhecimento das premissas dessas duas dimensões, qualquer caminhada será às cegas, e os resultados serão pouco efetivos.

Não viemos aqui a passeio. Nossa existência é meticulosamente planejada, com a nossa participação, para termos uma experiência maravilhosa e produtiva na Terra. Nosso fim não é sofrer ou passar perrengues, acredite!

Contudo, chegamos aqui sem nenhum manual de instruções, sem um mentor no plano físico para nos apoiar e caímos em famílias que nada conhecem do assunto. Assim sendo, todo planejamento feito antes da nossa chegada acaba, na maioria das vezes, destinado ao fracasso e isso nos causa um profundo vazio interior; uma sensação de que estamos perdendo nosso tempo. Afinal, queremos conhecer outras estâncias e não apenas esse minúsculo planeta azul.

De forma intuitiva, procuramos ajuda nas diversas teorias, filosofias e religiões. Porém, o resultado nos deixa ainda mais confusos. Muitas filosofias esotéricas e espiritualistas tratam da vida antes e após a nossa morte, mas os conceitos são, na maioria das vezes, confusos, de difícil entendimento e descolados da realidade do nosso cotidiano, que envolve nossa necessidade por emprego, renda, saúde, bons relacionamentos e autoestima, para que, então, possamos construir uma jornada com significado.

As teorias ou filosofias científicas explicam apenas parte da realidade que a ciência consegue provar e replicar com suas experimentações. A Economia, Sociologia, Filosofia e Psicologia tentam explicar nossa existência apenas pela percepção daquilo que nossos sentidos conseguem captar e isso acaba por não fazer sentido algum para nós. É como se Céu e Terra fossem dimensões incompatíveis, com premissas opostas. Como achar nosso Propósito dessa maneira?

Para a construção da metodologia da *Jornada do Eu Integral*, trouxemos contribuições normalmente não trabalhadas de forma conjunta. Estamos resgatando aquilo que nunca deveria ter sido separado, Céu e Terra ou Espírito e Matéria, com a apresentação do Mundo do Céu e o Mundo da Terra.

O processo ocorre em Sete Grandes Caminhos que percorrem nossa jornada. O trajeto começa pelo Caminho do Dinheiro e Trabalho, Saúde, Relacionamentos, Autodesenvolvimento, Autoconfiança, Transcendência e Engajamento. O caminho que permite a descoberta do nosso Propósito começa com a resolução das questões mais materiais, até chegar aos seus aspectos mais espirituais e transcendentes para finalmente permitir que possamos nos engajar em alguma causa.

Trazemos também o Eneagrama, um instrumento fácil e ao mesmo tempo profundo, para mostrar nossas diversas personalidades e as escolhas que fazemos de forma inconsciente.

Para completar o processo e turbinar a metodologia da *Jornada do Eu Integral*, apresentamos as palavras de importantes filósofos e xamãs, a fim de azeitar a descoberta e construção do nosso Propósito com sabedoria de muitos milênios e povos.

Pode parecer tudo muito complexo, mas, no decorrer do livro, tudo ficará mais claro para você e as coisas começarão a fazer sentido em sua vida. Não podemos desperdiçar nossa jornada na Terra, pois estamos aqui para aprender, ensinar, experienciar e deixar um legado importante ao planeta. Qualquer coisa diferente significa perda de energia, esforços e tempo, e isso não podemos permitir.

Bem-vindos à Jornada do Eu Integral.

O Mundo do Céu

O Mundo do Céu é o conjunto de autores e filosofias chamadas de esotéricas, espiritualistas ou ocultistas, selecionadas em sua essência para ajudar na compreensão da nossa existência, que extrapola o chamado mundo físico que vivemos atualmente.

Escolhemos os principais conceitos de importantes autores que dedicaram sua vida ao estudo do "mundo espiritual" ou "esotérico", chamado assim por ser do conhecimento de um seleto grupo de iniciados.

Acontece que agora não faz mais sentido falarmos em "iniciados". O conhecimento está ao alcance de quem quiser. Você pode comprar um livro em uma livraria ou sebo, pode acessar os diversos conteúdos da internet ou fazer algum curso com os gurus de plantão.

Procuramos deixar os conceitos mais simples e de fácil entendimento, de acordo com as seguintes premissas:

1. Nossa jornada não começou quando nascemos e não terminará quando morrermos. Isso significa que o Mundo do Céu mostra que somos imortais. Já vivemos muitas vidas e ainda há outras infinitas vidas para experimentarmos. O Propósito é a chave de como serão as vidas que ainda viveremos. Antes de virmos para nossa existência atual, planejamos como será nossa experiência aqui, o que gostaríamos de aprender, o que pretendemos desenvolver em nossas habilidades, como será o meio que nos acolherá e seus efeitos em nossos valores, atitudes e comportamentos. O Mundo do Céu explica as múltiplas existências e nos dá sinais de como poderá ser o nosso futuro. Não há aposentadoria para um Ser Espiritual como nós. Não ficaremos num céu idealizado como se fosse um hotel fazenda, sentados à beira de um riacho, ouvindo música clássica. Tudo é dinâmico, tudo tem vida e ela pulsa!
2. Existem diversos planos de existência e não apenas o atual plano físico. Todos os outros planos também são materiais, mas um tipo de matéria mais refinada e sutil, e não densa e pesada como é a matéria do nosso plano atual. Isso introduz o conceito de que tudo no Universo é matéria, mesmo nos chamados planos espirituais. O que muda é a sua composição, essência e propósito. A partir de determinados planos, a matéria perde a forma que conhecemos e torna-se praticamente Luz e Energia. Sim, somos Seres de Luz.
3. Não existe a figura de um Pai com barba branca sentado em um trono, que fica julgando quem irá para o Paraíso ou queimará nas chamas do Inferno. Isso é uma construção idealizada, baseada no conceito de culpa, pecado e penas eternas. Somos livres para fazer o que quisermos de nossas vidas e sim, iremos sofrer as consequências dos nossos atos pela chamada Lei da Causa e Efeito, mas tudo é dinâmico nos planos existenciais. Podemos mudar o rumo de nossa jornada assim que quisermos e usamos nosso Propósito como uma forma de tangibilizarmos nossas ações e, assim, caminharmos mais rapidamente e de forma efetiva.
4. As religiões ou doutrinas que falam de uma única existência que ao final nos brindará com o Paraíso ou o Inferno não são tratadas no nosso Mundo do Céu, apesar de respeitarmos todas as formas e caminhos que podem nos fazer pessoas melhores e efetivas. Na Jornada do Eu Integral, iremos tratar daqueles conceitos e fundamentos que mostram a vida atual como apenas mais uma estação em nossa infinita existência.
5. O Mundo do Céu foi construído neste livro com a síntese dos conceitos de importantes líderes espirituais da humanidade, escolhidos por nós. Certamente, existem inúmeros autores que não foram tratados aqui e isto não os deprecia de forma alguma. Tudo foi uma questão de escolha e de oportunidade com o objetivo de explicar os conceitos necessários para a metodologia de descoberta do nosso Propósito, chamada de Jornada do Eu Integral.

Alguns autores selecionados para compor o Mundo do Céu:

Helena Blavatsky

Nascida no Império Russo em 1831, Blavatsky sempre demostrou uma personalidade forte e talentos espirituais incomuns. Casou-se muito nova para conseguir sua independência, mas frustrou-se e fugiu do seu marido para começar sua jornada pelo mundo. Conheceu diversos países e doutrinas esotéricas, estudando com mestres renomados no esoterismo.

Após muitos anos viajando e aprendendo no Oriente, mudou-se para os Estados Unidos, a fim de levar o conhecimento oriental para o ocidente, tendo sido muito perseguida e difamada por isso. Fundou a Sociedade Teosófica em 1875 com o objetivo de criar uma fraternidade humana que não fizesse distinção de raça, crenças ou gênero, o que lhe trouxe muitos outros inimigos.

Blavatsky se opunha a separar Ciência, Filosofia e Religião, escrevendo sua principal obra, fruto de uma vida de peregrinação e estudos: *A Doutrina Secreta: Síntese da Religião, Ciência e Filosofia,* que se tornou referência aos estudos sobre esoterismo, ocultismo e espiritualidade. Combateu o materialismo e a superstição, buscando criar uma doutrina que trouxesse luz ao caminho humano na Terra.

Rudolf Steiner

Rudolf Steiner nasceu em 1861, na Áustria, em meio à natureza da sua pequena cidade. Sempre inquieto, buscou conhecer como as coisas funcionavam e tinha longas conversas com as pessoas da comunidade local. Trabalhou como professor e editou obras de Goethe, autor que marcou profundamente sua vida.

Em 1891 concluiu seu doutorado em filosofia, produzindo a obra *A Filosofia da Liberdade.* Em 1900 entrou para a Sociedade Teosófica e em 1913 funda a Sociedade Antroposófica com a construção de sua sede, o Goetheanum, todo em madeira, na Suíça.

Seus livros e pesquisas foram voltados para diversos ramos da atividade humana, como a medicina, agricultura, arquitetura, artes e pedagogia, criando um método revolucionário para o ensino de crianças, a Pedagogia Waldorf, que previa ensino sem a divisão dos alunos por idade ou classes e um aprendizado intuitivo, focado nas competências socioemocionais e na busca do propósito interior.

Allan Kardec

Allan Kardec nasceu na França, em 1804, descendente de uma família tradicional, tendo sido criado no protestantismo. Desde jovem mostrou afinidade com o estudo das ciências e filosofia. Formou-se em pedagogia no Instituto Pestalozzi, na Suíça, em 1824.

Kardec dominava vários idiomas e, por isso, tornou-se tradutor principalmente de obras didáticas de educação. Nunca aceitou a interferência da Igreja nos conteúdos pedagógicos, sendo um grande defensor da metodologia científica como forma de explicar a realidade.

Como cientista, interessou-se pelo estudo dos fenômenos espíritas que se alastravam pela França. Desenvolveu uma metodologia própria para catalogar os casos que lhe apareciam, dando origem a sua principal obra, *O Livro dos Espíritos*, outra tentativa de associar os fenômenos espirituais à ciência e à filosofia.

Hermes Trismegisto

Hermes Trismegisto é considerado uma lenda, pois não existe certeza sobre ele ter sido apenas uma pessoa ou uma conjunção de sábios do Oriente. Viveu no Egito, em um período remoto, sendo considerado o criador do Hermetismo, uma corrente filosófica e espiritual do mundo oriental. Trismegisto significa "aquele que é três vezes grande".

A obra "O Caibalion", publicada em 1908, é uma tentativa de apresentar a essência do pensamento hermético do Antigo Egito e Grécia e traz as Sete Leis Herméticas: 1. Lei do Mentalismo (tudo é mental) 2. Lei da Correspondência (o que está em cima é igual ao que está embaixo), 3. Lei da Vibração (nada está parado, tudo vibra), 4. Lei da Polaridade (tudo tem seu oposto), 5. Lei do Ritmo (tudo tem fluxo e refluxo), 6. Lei do Gênero (tudo tem o princípio masculino e feminino) e 7. Lei da Causa e Efeito (todo efeito tem a sua causa).

Pretos Velhos

Os pretos velhos não são pessoas específicas. Eles representam a criação de uma doutrina espiritual tipicamente brasileira, nascida pela convergência entre o espiritismo e o catolicismo: a Umbanda.

Os pretos velhos simbolizam a humildade e a sabedoria espiritual. Entidades centrais da Umbanda, trazem ensinamentos e conselhos espirituais, com o uso de plantas e receitas caseiras. Suas palavras buscam a reforma interior e o abandono da ganância para que seja possível construir uma sociedade solidária e espiritualizada.

A Umbanda possui diversos arquétipos, como o preto velho (o pai sábio), os caboclos (guerreiros vencedores de demandas), as crianças (seres puros e com alegria de viver), além dos orixás, que veremos neste livro também.

George Gurdjieff

George Gurdjieff nasceu na Armênia, em 1866. Foi um grande místico e professor de filosofia e autoconhecimento, em suas viagens pela Ásia e Europa. Seus ensinamentos também são uma tentativa de conciliar os aspectos filosóficos, científicos e espirituais e seu método visava ampliar a consciência humana.

Trouxe ao ocidente a filosofia sufi, que mostrava o ser humano como resultado de três grandes forças: instinto, emoções e razão. O Quarto Caminho seria a síntese dessas três forças. O objetivo era criar um ser humano consciente e cheio de poder espiritual.

Os achados de Gurdjeff deram origem ao Eneagrama, no século 20, resultado da divisão das três grandes forças em outras três partes, totalizando nove caminhos da personalidade humana. O Eneagrama é utilizado em todo o mundo e está fortemente presente neste livro.

Annie Besant

Annie Besant nasceu em na Inglaterra, em 1847. Foi escritora, teósofa, militante socialista e maçom, além de ser defensora dos direitos das mulheres. Foi uma das mais notáveis oradoras do seu tempo e deu sequência à obra de Blavatsky, na Sociedade Teosófica.

Escreveu diversas obras que deram continuidade ao legado de Blavatsky e sua busca na síntese entre os diversos pilares do saber humano. Pesquisou e explicou a existência dos planos espirituais e dos diversos corpos energéticos dos seres humanos.

Annie mostrou à sociedade que a política é um assunto a ser tratado em conjunto com as questões espirituais, pois a emancipação dos grupos vulneráveis passa pela prática política e pela busca dos direitos individuais de todos nós.

O Mundo do Céu é formado por pessoas visionárias preocupadas em buscar a integração entre os principais eixos do conhecimento, como a filosofia, ciências, artes e religião, mais especificamente, a espiritualidade, que poderia ser chamada de uma síntese entre os principais ramos do saber. Este livro inspirou-se nestes sete grandes pensadores para propor o Mundo do Céu e sua defesa pela convergência, solidariedade e colaboração entre os homens.

O Mundo da Terra

O Mundo da Terra é o conjunto do pensamento de educadores, escritores, intelectuais e cientistas. A visão de realidade dos membros do Mundo da Terra está baseada na existência material atual.

Claro que o trabalho deste grupo tangencia com a espiritualidade. Seus conceitos tiveram também como fonte o Mundo do Céu e, em suas obras, é comum encontrarmos conceitos similares ao pessoal do "andar de cima". Contudo, eles desenvolveram suas pesquisas em aspectos do mundo material, como a educação das crianças e adultos, as descobertas científicas e aspectos ligados à administração das organizações.

Suas posições não são melhores ou piores em relação ao Mundo do Céu, apenas estão focadas em uma parte da realidade. Quando integramos os dois mundos, as coisas começam a fazer sentido.

Fica difícil motivar alguém a buscar seu Propósito na existência atual se não for dado nenhum sinal das outras etapas da existência humana, ação realizada pelo Mundo do Céu. Mas o Mundo da Terra traz conceitos muito importantes também. Seus membros explicam e criticam os sistemas educacionais, as diversas desigualdades que permeiam o planeta, os desequilíbrios ambientais, sociais e econômicos.

As chamadas Ciências tradicionais, como a Economia, Sociologia, Administração, Física, Matemática, entre outras, possuem mecanismos para explicar a realidade atual, mas muitas questões existenciais são inatingíveis ao Mundo da Terra, como "de onde viemos?", "para onde vamos?" e "o que estamos fazendo aqui?".

As angústias e dilemas existenciais da humanidade estariam encaminhados se houvesse a união entre o Mundo do Céu e o Mundo da Terra. A maioria dos membros escolhidos para explicar o Mundo do Céu tentou isso e foi menosprezada e ignorada. Mas tudo tem o seu momento.

Vamos falar agora dos autores selecionados para tratar do Mundo da Terra. Seus trabalhos são muito importantes para o avanço da humanidade, dentro dos limites que lhe são impostos.

Paulo Freire

Paulo Freire é o mais importante educador brasileiro e considerado um dos mais notáveis autores da pedagogia mundial, sendo um dos pesquisadores mais citados nas pesquisas científicas. É o autor da *Pedagogia do Oprimido*, e defende que o papel da educação é libertar os alunos de todas as formas de opressão e criar cidadãos conscientes do seu papel na sociedade.

Paulo Freire é venerado por muitos setores da sociedade por considerarem suas ideias inovadoras e revolucionárias e, ao mesmo tempo, é odiado por outros setores, aqueles mais conservadores, que veem em Paulo Freire uma ameaça às instituições por questionar a estrutura atual, que oprime principalmente os mais pobres e perpetua os diversos tipos de desigualdades.

Maria Montessori

Maria Montessori nasceu na Itália, em 1870. É considerada, ao lado de Paulo Freire, uma das mais importantes pedagogas do mundo. Criou um método de ensino utilizado globalmente, principalmente com crianças no período pré-escolar, que busca estimulá-las por meio de materiais didáticos especialmente elaborados.

Montessori defendia a liberdade para a criança aprender por meio das suas próprias descobertas. Sua metodologia prevê o respeito à individualidade da criança e o processo educativo é também libertador, como defende Paulo Freire. Ela afirmava que a educação não deve ser utilizada para a competição, e, sim, para a cooperação e para criar nas pessoas os princípios da solidariedade e da educação para a paz.

Otto Scharmer

Otto Scharmer é professor no MIT *(Massachusetts Institute of Technology)* e formador de líderes globais nos setores de negócios, governo e sociedade civil para que possam prototipar sistemas socioeconômicos voltados a um mundo sustentável. Fundador do *Presencing Institute*, um laboratório para criar tecnologias sociais que promovam inovações e mudanças sistêmicas na sociedade.

Autor da Teoria U, Scharmer defende que as soluções de mudanças passam pelo profundo entendimento coletivo das causas, equilíbrio dos sistemas e cocriação da nova proposta que deve ser prototipada pela ação coletiva. O processo prevê a recuperação dos padrões do passado, profunda observação, conexão com as fontes da mudança *(presencing)* e abertura para novo que aos poucos cristaliza a nova realidade.

Edgar Morin

Edgar Morin, sociólogo e filósofo francês, nasceu em 1921. Considerado um dos principais autores no estudo da complexidade ou, como é chamado, do pensamento complexo. Segundo Morin, na construção do pensamento, o homem se depara com uma série de dualidades, como a razão e a emoção, a sensibilidade e a inteligência, o real e o imaginário, entre outros. Podemos verificar um resgate do pensamento de Hermes Trismegisto e as Sete Leis Herméticas.

Morin traz o conceito dos Sete Saberes que compõem a construção do conhecimento. Eles passam pelo entendimento do erro e da ilusão que trazem cegueira ao conhecimento, o ensino da condição humana e sua identidade terrena, o enfrentamento das incertezas e a assimilação da ética do gênero humano.

Marie Curie

Marie Curie nasceu na Polônia, em 1934. Foi uma mulher pioneira na esfera científica. Seu trabalho e de muitos outros cientistas dão sustentação ao Mundo da Terra e seu método científico consiste em experimentação, observação e análise de resultados, por meio, na maioria das vezes, da segmentação das amostras. As ciências avançaram bastante, mas seu objeto de estudo está limitado ao mundo físico-material, pois ela desconhece a outra parte da realidade, bastante conhecida pelo Mundo do Céu.

Curie fez pesquisas pioneiras sobre radioatividade e foi a primeira mulher a ganhar um Prêmio Nobel, sendo também a única mulher a ganhá-lo duas vezes em áreas distintas. Também foi a primeira mulher a se tornar professora na Universidade de Paris, tendo sido sepultada no Panteão de Paris.

Domenico de Masi

Domenico de Masi nasceu na Itália, em 1938, e é um dos principais sociólogos italianos. O autor tornou-se célebre pelos seus estudos e publicações na área da organização do trabalho. Sua principal obra, *O Ócio Criativo*, trata da importância de períodos sem atividades formais definidas na vida das pessoas para que possam ter disponibilidade para gerar novas ideias e inovar nas mais diversas áreas.

A obra de Domenico de Masi é muito importante para as escolhas de carreira das pessoas, tendo como base o Mundo da Terra. A preocupação com a criatividade, inovação e disrupção traz um novo olhar sobre o trabalho humano e seu Propósito. Todo legado importante que podemos deixar no mundo passará quase que necessariamente pelo trabalho humano e seu potencial criativo está ligado à forma como foi gerado e disseminado.

Perter Senge

Professor do MIT *(Massachusetts Institute of Technology)* nos Estados Unidos, como seu colega, Otto Scharmer, Senge tem dedicado sua vida aos estudos das organizações e na forma como elas aprendem. Autor do termo *"Learning Organizations"*, Senge defende a importância de as organizações estarem sempre prontas para o aprendizado, e, assim, serem inovadoras e estarem prontas para atender os seus mercados.

Seu livro mais famoso, *A Quinta Disciplina*, descreve as cinco principais competências que devem estar presentes em organizações de ponta, como a capacidade de gerar Domínio Pessoal entre seus colaboradores, a construção de Modelos Mentais, a busca pela Visão Compartilhada, a importância do Aprendizado em Grupo e a necessidade de as organizações possuírem Pensamento Sistêmico.

Palavras dos Filósofos e Xamãs

Além da contribuição de autores selecionados do Mundo do Céu, que entendem e explicam a espiritualidade, e do Mundo da Terra, que tratam das ciências pela visão do mundo material, trazemos também ensinamentos de dois tipos bastante especiais de autores: os filósofos e os xamãs.

A filosofia é um mundo muito vasto. Temos autores das mais diversas correntes e visões de mundo. Alguns deles estão mais próximos do Mundo do Céu, pois estudaram assuntos ligados à espiritualidade e transcendência, enquanto outros focaram no Mundo da Terra, tentando explicar a realidade por uma ótica mais materialista.

Escolhemos alguns filósofos que conseguem explicar cada um dos Sete Grande Caminhos por uma ótica toda própria, e falar um pouco deles é uma ótima oportunidade para aguçar a sua curiosidade e estimulá-lo a procurar suas obras e aprofundar-se no rico e maravilhoso mundo da filosofia.

Pesquisamos vários textos dos filósofos escolhidos e buscamos extrair os trechos que melhor podem ilustrar as etapas da *Jornada do Eu Integral.*

Os xamãs poderiam estar no grupo do Mundo do Céu, pois, certamente, seus ensinamentos são baseados na espiritualidade. Mas escolhemos deixá-los num grupo à parte, em companhia dos filósofos, porque sua forma de explicar a vida merece uma análise separada.

Xamãs são seres de grande sabedoria. Muitas vezes chamados de bruxos ou curandeiros, são responsáveis pela orientação espiritual das suas comunidades. Sempre com uma visão equilibrada de mundo, onde o homem é apenas mais um morador do nosso planeta e deve sempre estar integrado aos reinos mineral, animal e vegetal, como uma grande comunidade ou ecossistema, que é o planeta Terra.

Para o estudo da palavra dos xamãs, nos baseamos muito na obra *O Caminho Quádruplo*, de Angeles Arrien. A autora traz os quatro arquétipos xamânicos para falar do ser humano e de suas buscas. O Guerreiro, O Curador, O Visionário e o Mestre. Esse livro resgata os principais ensinamentos de cada arquétipo e traz também conteúdos de outras fontes, a fim de cobrir todos os Sete Grandes Caminhos.

O Eneagrama

O Eneagrama é um importante instrumento de autoconhecimento, utilizado pelo mundo todo, por diversos profissionais e com propósitos variados. Trazido ao ocidente por George Gurdjieff no início do Século 20, tornou-se popular ao ter seu modelo final desenvolvido por um grupo de psicólogos, filósofos e místicos.

O Eneagrama mostra que as pessoas possuem três centros de força ou energia: o Centro do Instinto, que é visceral e está ligado ao desejo básico do ser humano de ter autonomia e de sobreviver nesta vida, repleta de desafios e ameaças (arquétipo: o boi); o Centro das Emoções, que representa a necessidade humana de atenção e reconhecimento, onde buscamos fazer o melhor que podemos a fim de receber a admiração e afeto das outras pessoas (arquétipo: o leão); o Centro da Razão, que está ligado à busca mental pelo entendimento de como as coisas funcionam e faz com que tenhamos sempre o papel de exploradores das diversas possibilidades humanas (arquétipo: a águia).

Cada um de nós, na primeira fase da vida, se ancora em um dos três Centros de Poder, e, dessa forma, assume comportamentos condizentes com o centro escolhido. Podemos ser, então, pessoas mais instintivas, emocionais ou racionais.

Os autores que vieram depois de Gurdjieff dividiram cada um dos três centros em três tipos de personalidade, criando, assim, a figura de "Nove Pontas", do grego: Ennea (nove), Grammos.

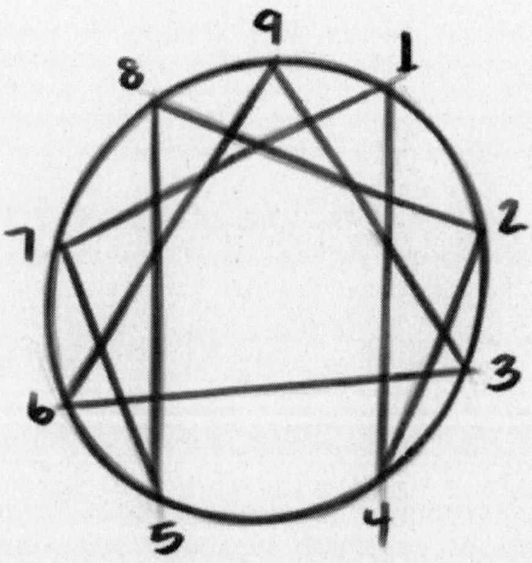

Do Centro do Instinto, surgem os tipos de personalidade 8, 9 e 1.

Tipo Oito: O Desafiador

Chamamos este tipo de "desafiador" porque, dentre os nove tipos no Eneagrama, ele é o que mais gosta de enfrentar pessoalmente desafios e colocá--los para as outras pessoas. Carismático e dotado de requisitos físicos e psicológicos para persuadir os outros a acompanhá-lo em qualquer coisa a que se dedique.

As pessoas do tipo Oito apenas sentem-se vivas quando utilizam sua imensa vitalidade e força de vontade. Fazem uso de sua inesgotável energia para promover mudanças no ambiente em que vivem e para proteger os seus entes queridos.

Tipo Nove: O Pacifista

Chamamos este tipo de "pacifista" porque nenhum outro tipo está tão empenhado na busca da paz interior e exterior como ele. Seus membros abrigam um anseio pela busca espiritual, pela ligação com o cosmo e com as pessoas. Esforçam-se por manter a paz e a harmonia no mundo em que vivem.

Apesar de estar voltado para o mundo espiritual, este tipo está ligado à Tríade do Instinto, que potencialmente está mais ligado ao mundo físico e ao próprio corpo. Isto se explica pelo fato que seus representantes ou estão em contato com seus instintos e possuem tremenda força primitiva, ou abstraem-se deles e tornam-se alheios e distantes.

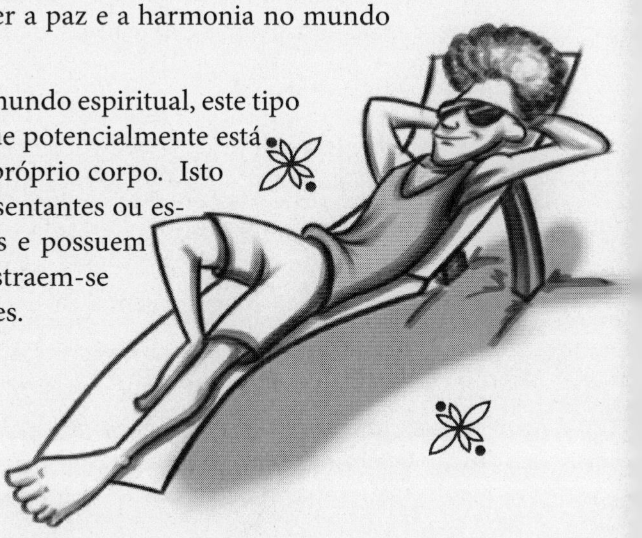

Tipo Um (O Reformista)

São chamados de reformistas porque seus representantes agem como se tivessem uma "missão" a cumprir na vida que os leva a querer melhorar o mundo de várias maneiras, usando seu poder e influência.

São pessoas de paixão e instinto, que usam os julgamentos e as convicções para controlar e dirigir a si mesmas e seus atos. O resultado é uma personalidade com problemas com a repressão, a resistência e a agressividade. São vistas como autocontroladas e rígidas, apesar de não sentirem-se assim. É como se estivessem sentados numa panela de pressão cheia de desejos e paixões, prestes a explodir.

Do Centro das Emoções, aparecem os tipos 2, 3 e 4.

Tipo Dois: O Ajudante

São chamados de "ajudantes" porque ou são as pessoas que mais ajudam os outros, ou são aquelas que mais se esforçam para sentirem-se úteis. Seu interesse está no amor, na amizade, no carinho e na família.

No seu lado saudável, realmente esforçam-se para ajudar e a todos aquecem. Abrem seu coração e nos ajudam a nos tornarmos mais profundamente humanos. Quando estão num nível não-saudável, envolvem-se demais na vida alheia e manipulam as pessoas para satisfazer suas necessidades emocionais.

Tipo Três: O Realizador

Este tipo é chamado de "realizador" porque seus representantes podem atingir, e quase sempre atingem, o sucesso em várias áreas. Por serem "estrelas" as pessoas as admiram tanto por sua gentileza, como por suas realizações.

As pessoas do tipo Três são queridas e bem-sucedidas porque, entre todos os tipos, são aquelas que mais acreditam em si mesmas e no desenvolvimento de suas próprias capacidades. Este tipo faz de tudo para ter sucesso e lutará para conquistar os símbolos que o colocará numa situação de destaque, seja uma mansão, um carro importado, uma posição social de destaque etc. Tentarão sempre destacar-se na família e na comunidade. O tipo Três nunca se contentam em serem "mais um".

Tipo Quatro: O Individualista

Chamamos este tipo de "individualista" porque seus representantes mantêm sua identidade vendo-se diferentes dos outros. Como se acham diferentes dos demais, entendem que ninguém poderá compreendê-los ou amá-los.

Muitas vezes enxergam-se como possuidores de virtudes ímpares ou detentores de imperfeições também únicas. Concentram-se nas próprias deficiências e diferenças. As pessoas do tipo Quatro constantemente afirmam lhes faltar alguma coisa, mas não sabem exatamente o que é. Conseguem ver muitas qualidades nos outros, mas possuem muita insegurança em relação à sua autoimagem.

Finalmente, do Centro da Razão, temos os tipos 5, 6 e 7.

Tipo Cinco: O Investigador

Esta personalidade recebe o nome de "investigador" porque, mais do que qualquer outro, ele quer saber por que as coisas são como são. Seus membros querem conhecer como o mundo funciona, tanto o macro como o microcosmos. Estarão sempre fazendo perguntas e questionando algo.

Por trás de sua incessante busca de conhecimento, está a dúvida do tipo Cinco sobre ser capaz de agir de forma correta e com sucesso. Acha que não tem capacidade de fazer as coisas tão bem quanto os outros e foge nos redutos da mente para acumular o máximo de conhecimento que possa para, então, se sentir seguro no mundo exterior.

Tipo Seis: O Partidário

Chamamos o tipo Seis de "partidário" porque é o mais leal aos seus amigos e convicções. Seus membros não abandonam o navio antes de afundar e mantêm-se fiéis aos seus relacionamentos, muito mais que os outros.

O motivo para serem tão leais é que não querem ser abandonados nem perder o apoio de que dispõem. Por não acreditarem que possuem recursos para enfrentarem sozinhos os desafios e os caprichos da vida, passam a recorrer cada vez mais às estruturas e aliados para obter orientação.

Tipo Sete: O Entusiasta

Este tipo é chamado de "entusiasta" porque está sempre entusiasmado com tudo que lhe chama a atenção. Seus representantes veem a vida com curiosidade, otimismo e espírito de aventura. Arrojados e cheios de vivacidade, vão buscar o que querem com alegre determinação. Envolvem-se com muitos projetos ao mesmo tempo, pois assim podem gerar coisas para fazer e pensar. Costumam ser inteligentes e ler bastante, além de expressarem-se verbalmente muito bem.

Passam rapidamente de uma ideia para outra, saindo-se bem em *brainstorms* e na síntese de informações. São dotadas de mentes ágeis, tornando-se capazes de aprender com muita rapidez. Contudo, esta agilidade, que permite que façam muita coisa ao mesmo tempo, torna difícil para eles saberem exatamente o que fazer.

Faça o teste abaixo que lhe dará uma indicação do seu tipo predominante. Lembrando que todos temos um pouco de cada tipo dentro de nós, pois cada personalidade representa virtudes e fraquezas de todas as pessoas. Este teste foi inspirado no teste rápido de Riso e Hudson, no livro A Sabedoria do Eneagrama.

Escolha uma frase do primeiro grupo e outra do segundo grupo:

Frases do 1º grupo

1. Todos os meus atos têm por finalidade ajudar as pessoas e me dedicar a melhorar o mundo. Fico muito triste quando não atendo às expectativas e não sou reconhecido pelo que faço. Sempre faço o melhor de mim com a intenção de ajudar e muitas vezes não sou bem compreendido.
2. Gosto quando as pessoas são diretas comigo. Não suporto mentiras e traições. Também não tenho paciência com pessoas que ficam enrolando com os assuntos importantes de suas vidas. Tenho um grande senso de justiça, muita energia e entendo que o poder deve ser usado positivamente para mudar o mundo.
3. Não gosto muito de aparecer e prefiro cuidar de mim e das pessoas que precisam de mim. Prefiro um ambiente solidário, onde as pessoas são amigas, ao invés de lugares competitivos e cheios de falsidade. Idealizo um mundo onde as pessoas são felizes e unidas.

Frases do 2º grupo

4. Sou uma pessoa muito transparente e todos sabem quando não gosto de alguma coisa. Não gosto de ter chefes, pois sei muito bem o que devo fazer e preciso ter autonomia. Muitas vezes passo uma imagem de força, mesmo tendo minhas fragilidades.
5. Sou bastante racional e organizado e gosto de fazer o melhor, de preferência sem a ajuda de outras pessoas, pois elas iriam me atrapalhar. Não sou uma pessoa muito afetiva e próxima das outras, talvez porque não saiba como me aproximar e porque as pessoas poderiam julgar-me de forma errada.
6. Sou muito otimista e entendo que as coisas sempre vão dar certo no final. Gosto de pessoas e de fazer as coisas junto com elas, porque assim tudo é mais divertido e com afeto. Faço tudo com alegria e, às vezes, tenho muitas atividades ao mesmo tempo.

Em função frases que você escolheu, formando um par, veja qual tipo de personalidade é predominante em você.

- 1 e 5: tipo 1.
- 1 e 6: tipo 2.
- 2 e 5: tipo 3.
- 3 e 4: tipo 4.
- 3 e 5: tipo 5.
- 1 e 4: tipo 6.
- 2 e 6: tipo 7.
- 2 e 4: tipo 8.
- 3 e 6: tipo 9.

Capítulo 1

O Grande Caminho do Dinheiro e do Trabalho

Introdução

Os Sete Grandes Caminhos rumo ao Propósito começam pelo caminho do Dinheiro e do Trabalho.

Esse caminho representa a garantia do sustento material das pessoas e trata diretamente do Propósito porque, na maioria dos casos, este está ligado ao trabalho e exige dinheiro por meio do planejamento financeiro e da carreira.

Cuidar das finanças e da carreira significa garantir a manutenção de uma situação material adequada para que a pessoa possa dar voos mais altos. Quando temos uma boa condição financeira, podemos escolher melhor em que iremos trabalhar e planejar uma carreira com significado.

Como iremos ver durante todo o livro, os Sete Grande Caminhos se cruzam. O Caminho do Autodesenvolvimento, por exemplo, será decisivo para o Caminho do Dinheiro e do Trabalho. Sem estudos e aprendizado, fica difícil prosperar financeiramente e ter boas oportunidades de trabalho. Você descobrirá que os caminhos tratados neste livro fazem parte de uma jornada única, a Jornada do Eu Integral.

Neste capítulo, o Mundo do Céu, o Mundo da Terra e os filósofos/xamãs terão importantes ensinamentos para lhe passar, a fim de que entenda a importância do dinheiro e do trabalho em sua vida e fuja de situações extremas, como, por exemplo, gastar demais ou ser muito sovina; ou, então, fugir do trabalho ou ser uma pessoa viciada nele.

Tudo fica melhor quando há equilíbrio e, no Caminho do Dinheiro e do Trabalho, você verá que isso é uma grande verdade.

O Mundo do Céu

Dinheiro é Energia

Saber lidar com o dinheiro significa ter domínio sobre o mundo material. E isso não é pouca coisa. É no mundo material que nossas ações se tangibilizam. Não adianta ter projetos fantásticos, de mudança social ou que irão levar educação e conhecimento às pessoas, se não conseguirmos transformá-los em realidade. E, para isso, precisamos saber usar a energia do dinheiro.

A energia do dinheiro engloba saber captá-lo, conquistá-lo, por meio do trabalho ou da associação com as outras pessoas que possuem recursos disponíveis. Também é preciso saber administrá-lo e isso significa fazer as escolhas corretas sobre como gastá-lo. Se precisarmos de mais dinheiro do que temos para nossos projetos, podemos tomar dinheiro emprestado, mas isso exige disciplina e controle. E, finalmente, é preciso saber como acumulá-lo para que os nossos objetivos saiam do papel.

Dominar a energia do dinheiro é uma ação espiritual, pois a orientação que damos ao seu uso faz com que traga melhoria as nossas vidas e as vidas das pessoas ao nosso redor. Transformar dinheiro em projetos para o bem das pessoas é o domínio da força material pela ação espiritual. Significa o equilíbrio entre matéria e espírito.

Mas os ricos entrarão no céu?

Essa é uma questão que tira o sono da humanidade há milênios. O que faz uma pessoa ser espiritualizada não é a quantidade de dinheiro que possui, mas sim sua preocupação em melhorar a vida das pessoas e da sociedade como um todo.

Conseguir parar de olhar apenas para si e enxergar as necessidades das pessoas ao nosso redor é um sinal de maturidade espiritual. Transformar nossa indignação com as injustiças e desmandos sociais é o ápice da ação espiritual com o uso dos recursos materiais.

Ter uma vida confortável não irá impedi-lo de viver a espiritualidade. O que deixa nossas almas escuras e estagnadas é nos acharmos o centro das atenções e não deixarmos a energia do dinheiro fluir.

Como deixar fluir a energia do dinheiro?

A energia do dinheiro flui quando seu uso melhora nossas vidas e a vida das pessoas em geral. Se gastamos dinheiro de forma inconsequente, esbanjando sem nenhum tipo de critério, seremos destruidores de recursos, ouviremos a voz rouca do ego, que exige conforto demais e busca aceitação demais.

Se tivermos dinheiro e receio em gastá-lo por medo de uma escassez despropositada, também ouviremos a voz rouca do nosso ego, que tem medo do futuro e nos faz prisioneiros dos nossos próprios recursos que, por sua vez, acabam não sendo transformados em projetos produtivos para melhorar a vida das pessoas.

Quando utilizamos o dinheiro de forma consciente, transformando ideias em projetos concretos e sustentáveis, então estamos utilizando efetivamente a energia do dinheiro e damos a ele um uso espiritual. O retorno que teremos sobre o sucesso dos nossos projetos poderá transformar-se em conforto material, e, se o consumo for equilibrado, estaremos simplesmente usufruindo do resultado do nosso trabalho e da nossa competência. Assim, espírito e matéria estarão em equilíbrio.

O Eneagrama e o uso do dinheiro pelos nove tipos de personalidade

Tipo 1

Possui muita energia para transformar suas ideias em projetos para o planeta, pois entende que veio ao mundo para servir. Cuidado para que seu perfeccionismo não o impeça de concretizar seus projetos.

Tipo 2

Quer melhorar a vida das pessoas e isso pode transformar seu dinheiro em ações concretas para mudar o planeta. Deve controlar-se para não gastar dinheiro de forma descontrolada, apenas para sentir-se amado pelas pessoas.

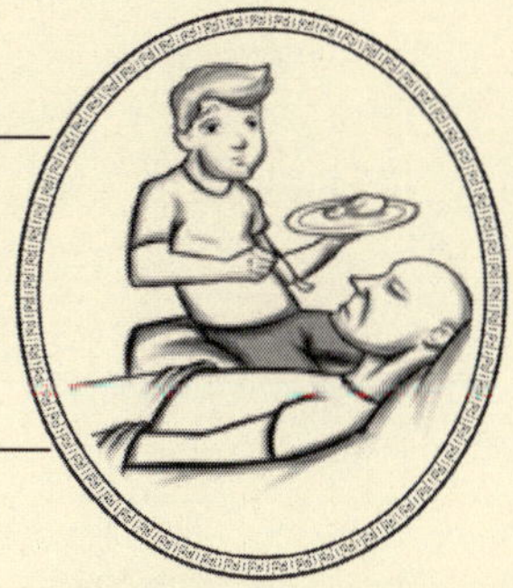

Tipo 3

Possui o espírito empreendedor por natureza e isso facilita sua capacidade de transformar projetos em realidade. O risco é perder-se no uso do dinheiro e buscar nos bens materiais uma forma de sentir-se valorizado.

Tipo 4

Sua criatividade poderá criar projetos fantásticos e sua veia artística possui todo o potencial de deixar tudo mais belo ao seu redor. Precisa vencer sua crença limitante de inferioridade e acreditar no seu potencial.

Tipo 5

Sua inteligência e capacidade analítica são recursos excelentes para a criação de projetos inovadores e geniais. Deve tomar cuidado para não fechar-se no seu mundo e esquecer da vida que está ao redor.

Tipo 6

Confia nas pessoas e consegue agregar amigos próximos de si. Isso é excelente para obter engajamento aos seus projetos. O cuidado a ser tomado é para que não se deixe dominar pela insegurança e indecisão, o que impediria a realização de seus projetos.

Tipo 7

Tem muita energia criativa e agilidade mental, isso pode trazer ao mundo projetos maravilhosos. Precisa ter disciplina e capacidade de motivar-se no longo prazo, dessa forma evitará ficar pulando de um projeto para outro.

Tipo 8

A energia da liderança é algo nato para este tipo. Logo, liderará os projetos em que envolver-se. Sua preocupação com o poder deverá ser utilizada para empoderar a todos e não para tornar-se um líder autocrático.

Tipo 9

Faz a mediação das situações e consegue ter uma postura democrática, estimulando as pessoas a mobilizarem-se. Precisará conter sua busca pela paz e harmonia e entender que, em muitas situações, terá que se posicionar.

Planejamento financeiro e espiritualidade

Planejamento financeiro significa traçar uma estratégia para transformar dinheiro em projetos de vida. Quando esses projetos tiram-nos do foco apenas em nós mesmos, ganham um aspecto espiritual.

O planejamento financeiro está ligado à espiritualidade quando está a serviço de projetos que nos tornarão pessoas melhores e que trabalharão para a melhoria da vida no planeta.

O planejamento espiritual do uso do dinheiro pode estar ligado à geração de poupança pela economia da nossa renda ou à busca de recursos com o uso de produtos financeiros que geram rendimentos. Também é possível obter recursos para financiamento dos nossos projetos com investidores que irão se identificar com nossos projetos. Muitos projetos sociais são financiados atualmente com recursos de investidores-anjo, fundações e fundos de investimentos espalhados pelo mundo.

Exemplos de projetos financeiros com potencial espiritual

Formação pessoal: planejar-se financeiramente para melhorar nossa formação pessoal possui grande potencial espiritual, pois poderá transformar-nos em pessoas melhores e mais capacitadas para o serviço ao planeta. Se utilizarmos as novas capacidades apenas para nossos interesses individuais e rasos, deixaremos de lado a oportunidade de investirmos em nosso Propósito.

Projetos sociais e ambientais: são projetos espirituais por natureza, pois seu objeto é a redução dos problemas sociais e ambientais do planeta. Possuem grande capacidade de engajamento das pessoas envolvidas e seu desafio é conseguir uma gestão equilibrada dos recursos financeiros, a fim de transformar e direcionar efetivamente a energia do dinheiro.

Uma empresa é um projeto com potencial espiritual?

Esta é uma pergunta bastante instigante. As empresas transformam recursos naturais em produtos, empregam pessoas, criam relações comerciais em diversas esferas. Para saber se possuem potencial espiritual é preciso observar se estão focadas apenas em interesses de curto prazo ou se conseguem ter uma dimensão mais ampla, preocupada com as grandes questões atuais do mundo, como o equilíbrio social e ambiental.

Cuidado para não se deixar enganar por projetos empresariais que possuem potencial espiritual apenas de fachada, com o uso de marketing institucional, mas que, na prática, atuam de forma individual, desconectadas das grandes questões que o planeta demanda, como a justiça social, ambiental, respeito à diversidade e visão de planeta como um ecossistema vivo e interdependente.

O trabalho como uma missão espiritual

Trabalho não deveria ser sinônimo de martírio. Mas, em muitos casos, é assim que é encarado pelas pessoas. Isso acontece porque não está conectado aos nossos valores e ao nosso Propósito. Nosso trabalho também deveria ter uma missão espiritual.

A missão espiritual do trabalho ocorre quando o objetivo não é apenas receber o salário ao final do mês. Para ser espiritual, o trabalho precisa ajudar a elevar o nosso nível de consciência para conseguirmos enxergar a realidade que nos envolve de forma ampla e integrada. É a visão sistêmica do trabalho aliada à capacidade de enxergarmos um Propósito maior nele.

A missão espiritual do trabalho é uma jornada complexa e árdua. Começa pelo autoconhecimento, que irá mostrar nossas fraquezas e fortalezas; e pelo autodesenvolvimento, que acalma o ego e permite que nossa essência se manifeste.

Existem quatro dimensões que devem trabalhar integradas a fim de que as nossas competências tenham resultados espirituais efetivos.

Dimensão Física

Traz o convite para que nosso trabalho entregue resultados efetivos. Isso exige sistemas simples e sem burocracia, pouca hierarquia e um ambiente saudável para todos os envolvidos. No nível individual, exige bons hábitos, uma boa nutrição e atividades físicas equilibradas.

Dimensão Emocional

Esta dimensão pode ser um grande motor ou uma enorme barreira à espiritualidade no trabalho. Exige autoconhecimento, empatia, habilidades interpessoais e motivação. Emoções equilibradas e direcionadas a projetos com potencial espiritual trazem engajamento e uma energia transformadora altamente contagiante.

Dimensão Mental

Ideias claras e direcionadas a metas objetivas exigem a capacidade de usar efetivamente a energia mental. Isto significa o desenvolvimento de competências cognitivas essenciais aos projetos com potencial espiritual, como a inteligência contextual, visão sistêmica, análise crítica e competências digitais.

Dimensão da Alma

Esta dimensão é o resultado da interrelação equilibrada das outras três dimensões. Ela mantém viva a chama da missão espiritual do nosso trabalho, estimula nossa energia psíquica e é a sede da nossa capacidade criativa e da nossa postura inovadora. Isso deixa claro que empresas inovadoras e criativas conseguem proporcionar um ambiente altamente inspirador e capaz de estimular todo o potencial humano e a capacidade espiritual do trabalho.

Trabalho e dinheiro

Não existe conflito entre ter um trabalho como missão espiritual e ser remunerado por isso. A remuneração é justa quando nos preparamos profissionalmente para o trabalho. Devemos apenas ter o discernimento para sabermos qual o seu valor justo. Podemos também tomar a decisão de oferecermos voluntariamente nosso trabalho em algumas situações.

É importante ressaltar que ter uma boa remuneração não desvia a missão espiritual do trabalho humano. Como já dissemos anteriormente, o dinheiro deve ser tratado como um fluxo e usado para melhorar as nossas vidas, a vida das outras pessoas e do planeta.

Algumas competências que constroem a missão espiritual do nosso trabalho

Existem diversas possibilidades de competências que podem colaborar com a missão espiritual do trabalho. Essas competências não precisam ser necessariamente uma profissão, mas, sim, capacidades importantes para a jornada espiritual do nosso trabalho. As competências a seguir não estão ligadas a uma profissão, mas sim às capacidades que potencializam a missão espiritual do trabalho.

Resgatamos novamente o Eneagrama, trazido por Gurdjieff, membro ilustre do Mundo do Céu.

- **Educar:** significa conduzir processos de ensino e aprendizado de crianças, jovens e adultos. Possibilita ajudarmos as outras pessoas a desenvolverem suas competências para a vida e, assim, trilharem sua missão espiritual também. Um educador precisa desenvolver seu repertório, aprender metodologias de ensino, formatar o conteúdo do aprendizado, avaliar e dar feedback aos alunos e principalmente, torná-los protagonistas no processo de aprendizado.
- **Servir:** prestar serviço de todas as formas possíveis. Colocar-se à disposição daqueles que precisam, orientar, tratar, curar e tornar mais suave a vida das outras pessoas. Servir exige, muitas vezes, a prática do desapego e da humildade. O servidor sente uma profunda empatia com seu semelhante e com o

todo e é preenchido com intensa alegria ao sentir que está tornando melhor a vida das outras pessoas.

- **Entregar resultados:** colocar a qualidade e o desempenho em primeiro lugar com uma grande capacidade competitiva. Podemos questionar se a competição é o caminho, mas todos os processos de trabalho possuem aspectos competitivos. O importante será buscar a qualidade e o vencimento de barreiras, mesmo que estas sejam internas.
- **Criar:** transformar o lugar comum numa obra criativa; buscar o belo e o inusitado por meio de uma estética inovadora e que poderá diferenciar o nosso trabalho. Sempre deverá haver espaço para a beleza e para a arte em nossa atuação profissional, pois concedem a ela um toque mágico, místico e diferente. O poder da criação é uma das formas mais sublimes de demonstrarmos nossa espiritualidade no trabalho.
- **Analisar:** a capacidade analítica é uma competência muito importante para a garantia da qualidade da entrega, sua veracidade e a efetividade prometida. Exige atenção, método e intuição para buscar os melhores caminhos para validar as soluções desenvolvidas. Uma análise intuitiva possui um grande potencial criativo e inovador ao utilizar os recursos mais elevados do pensamento.
- **Buscar conformidade:** todo trabalho humano exige o cumprimento de normas, regras e procedimentos. Estar em conformidade significa que o resultado esperado irá atender aos requisitos necessários à entrega. Cumprir nossa missão espiritual passa pela verificação do processo de produção do bem ou serviço e pelo cumprimento dos aspectos necessários associados a eles.
- **Alegrar:** a alegria, juntamente à descontração, é uma das mais sublimes dimensões da espiritualidade. Pessoas sábias são alegres e possuem senso de humor. A busca pela alegria significa utilizar o arquétipo da criança em nosso trabalho. Ele abre espaço para a criatividade e para a pureza na busca dos resultados almejados. A alegria também é contagiante e deixa o ambiente mais limpo, claro e vivo.
- **Liderar:** em nossa atuação espiritual no trabalho, em diversos momentos, teremos que adotar postura de líderes. Conduzir processos, pessoas e ter a coragem para assumir riscos e tomar decisões críticas fazem parte do caminho espiritual da liderança. O líder pode ter que sacrificar-se em prol da equipe, dos clientes e da sociedade, o que transforma a ação do líder numa sublime manifestação do Sagrado.
- **Integrar:** as competências espirituais a serviço do trabalho devem passar pela capacidade profissional de buscar integração, participação e cocriação humanas. Integrar significa unir, buscar o consenso e produzir a força espiritual do grupo, da equipe superior. A inteligência coletiva sempre será mais poderosa do que a individual, e a construção que inclui todos criará resultados mais duradouros, legítimos e com alto grau de espiritualidade.

O caminho espiritual das diversas carreiras

Para assinalar possíveis caminhos espirituais das diversas carreiras, vamos buscar as principais energias criativas dos nove tipos do Eneagrama.

Tipo 1: sua principal energia criativa é ensinar. Sente um caminho interno muito ligado à educação. Logo, serão ótimos educadores, consultores e profissionais comprometidos com a mudança planetária.

Tipo 2: querem servir e ajudar as pessoas. Uma carreira ligada ao serviço social, aconselhamento, terapias e demais carreiras ligadas à assistência poderão ser caminhos espirituais muito efetivos para este tipo.

Tipo 3: irão trabalhar com muita desenvoltura com atividades que exijam alto desempenho e busca de superação de indicadores. Seus pontos fortes são muito bem-vindos na maioria das carreiras e, certamente, a carreira de executivo encontra muita afinidade com o tipo 3.

Tipo 4: querem deixar o mundo mais bonito e inusitado. Poderão ter excelentes resultados profissionais e espirituais se atuarem com artes e criação, colocando sua criatividade a serviço dos seus projetos profissionais.

Tipo 5: são investigativos e analíticos e seu caminho espiritual poderá estar ligado à descoberta de evoluções científicas, cura de doenças e processos produtivos sustentáveis. Carreiras ligadas às ciências podem ser um caminho com muita afinidade para eles.

Tipo 6: são pessoas altamente identificadas com procedimentos e regras e poderão atuar como profissionais que definem padrões e metodologias e, dessa forma, garantir aspectos de conformidade e segurança.

Tipo 7: a atuação espiritual destas pessoas trará ambientes inovadores, alegres e descontraídos; poderão atuar como motivadores de equipes e desenvolvedores de produtos e funções que exijam intensa interação pessoal.

Tipo 8: podem colocar seu espírito de liderança para conduzir projetos com potencial espiritual e aspectos de transformação social e preservação ambiental. O senso de justiça e defesa dos públicos vulneráveis pode representar a plenitude para este tipo.

Tipo 9: têm a capacidade de mediar situações, resolver problemas e crises pela sua forma diplomática de ser. Poderão atuar como juízes, profissionais de relações internacionais e especialistas em situações de crise.

É importante saber que cada tipo possui capacidade para agir em projetos com potencial espiritual. A principal exigência é nossa intenção e efetividade para nos colocarmos a serviço de causas transformadoras e não apenas em assuntos ligados aos nossos pequenos assuntos individuais.

Potencializando sua carreira com a energia dos diversos tipos

É possível combinar a energia dos diversos tipos a fim de criar um perfil profissional mais abrangente, polivalente e dinâmico. Veja alguns exemplos de perfis que podem ajudá-lo a construir uma carreira sólida.

Tipos 1, 2, 7: a vontade de cumprir sua missão (1), o desejo de servir (2) e a capacidade criativa (7) poderão fazer de você um profissional muito dedicado e aberto à inovação. Projetos sociais baseados em tecnologia poderão ser um excelente caminho para você.

Tipos 9, 3, 5: o poder de mediar conflitos (9), a capacidade realizadora (3) e o potencial analítico-científico (5) formarão um profissional que conseguirá resolver e mediar situações com ótimo desempenho e visão analítica superior, como um perito, por exemplo.

Tipos 8, 4, 6: a força da liderança (8), a criatividade e sensibilidade (4) e a lealdade e organização (6) irão desenvolver um profissional em função de liderança, mas com a sensibilidade e preocupação com os outros, o que o transformará em um líder diferenciado.

O Mundo da Terra

Por que nos enrolamos com o dinheiro?

Estar enrolado com dinheiro quase sempre é estar endividado. Normalmente nos enrolamos com dinheiro quando gastamos de forma descontrolada ou quando perdemos nossa fonte de renda e ficamos desempregados.

O dinheiro tem uma relação direta com o consumo e com o trabalho. O consumo faz com que gastemos dinheiro. Quanto mais temos o impulso de consumir sem controle, mais iremos nos encher de dívidas, com grande chance de ficarmos inadimplentes e até mesmo com o nome sujo. O consumo descontrolado é chamado de "consumismo".

O trabalho faz com que ganhemos dinheiro para podermos consumir. Quando ganhamos menos do que gastamos com compras, ficamos endividados e nossa vida torna-se uma bagunça. Quando ganhamos mais do que gastamos, nos tornamos poupadores e, então, podemos guardar dinheiro para atingir um objetivo maior.

O consumismo e seu impacto em nossas vidas

O consumo é a atividade econômica mais importante no sistema econômico atual. Ele vive de vender coisas para as pessoas e emprestar dinheiro para elas quando seus recursos não são suficientes para seu nível de consumo.

Quanto mais consumirmos, mais o sistema irá girar e se expandir. O sistema econômico atual necessita expandir-se constantemente, pois precisa de acumulação contínua, para continuar empregando pessoas e gerando riquezas.

Para manter níveis elevados de consumo, é necessário o uso de cada vez mais recursos naturais, como minérios, petróleo, água, madeira, animais e recursos produzidos pelo homem, como aço, papel, plástico, alumínio etc.

O problema é que os recursos naturais são finitos e os recursos artificiais geram dejetos que poluem o meio ambiente. Logo, o modelo de produção atual gera uma utilização insustentável de recursos naturais, não renováveis, o que trará efeitos muito negativos para as gerações futuras.

Outro efeito negativo do consumo crescente é o comportamento humano chamado "consumismo", que significa o consumo compulsivo de bens e serviços, como se fosse um vício. A prática não traz benefícios reais às pessoas, pois não preenche o vazio existencial que somente poderá ser resolvido pela jornada de autoconhecimento e conexão espiritual.

O consumismo demonstra a dificuldade em nos conectarmos espiritualmente.

Além de representar problemas para uma conexão espiritual, o consumismo também é o resultado da falta de educação financeira das pessoas. O processo ocorre pela nossa intensa exposição à publicidade, aos perfis de redes sociais e aos demais instrumentos que nos incentivam a consumir. Você nunca verá um comercial incentivando a leitura de bons livros ou atividades culturais e educacionais. A mensagem sempre será: consuma e você será feliz!

O excesso de consumo, além dos problemas ambientais, cria espaço para outro produto, base do sistema: o endividamento. Quando não conseguimos comprar o que precisamos à vista, é necessário utilizar o crédito, ou seja, tomar dinheiro emprestado e pagar juros aos credores.

As formas mais comuns de nos endividarmos é o cartão de crédito, carnê de loja, cheque especial, crédito pessoal, entre outros. Quando não pagamos em dia as prestações, além dos juros que já existem nelas, acabamos pagando multa e juros de mora, fazendo com que a dívida cresça como se fosse uma "bola de neve".

Então, o consumismo representa o aumento desenfreado do consumo, do uso insustentável dos recursos naturais e o endividamento das pessoas.

Consumismo = desconexão com a espiritualidade + destruição do meio ambiente + consumo desnecessário + endividamento.

É possível aprender como nossos erros?

O consumo que move o modelo econômico atual traz também uma série de desequilíbrios e desigualdades. Enquanto 10% dos mais ricos possuem um padrão de vida fabuloso, os outros 90% passam por uma situação de escassez. Se pegarmos os 40% mais pobres da população mundial, veremos que vivem numa situação de miséria, sem água potável, com uma dieta inferior ao necessário para uma vida digna, além das outras mazelas sociais.

Na busca pelo nosso Propósito, uma boa alternativa seria nosso engajamento em projetos de alto impacto social que pudessem minimizar os problemas socioambientais e trazer esperança para as gerações futuras.

Os membros do Mundo da Terra já se levantaram contra a situação atual. O mesmo fizeram os membros do Mundo do Céu. As pessoas com maior desenvolvimento espiritual, e veja que os membros dos dois mundos possuem, independentemente de atuarem mais em aspectos materiais ou espirituais, não conseguem se conformar com a situação em que vivemos.

A pressão da sociedade poderá fazer com que os governantes se sentem à mesa para negociar uma nova agenda na qual as gerações futuras possam ter possibilidade de sobrevivência, além de diminuir os desequilíbrios sociais da atualidade, como a extrema pobreza de muitos povos, a criminalidade, o uso de drogas, entre outros.

Uma nova agenda social e econômica é uma agenda espiritual.

A crítica ao sistema atual não é a defesa de outros sistemas que existiram no passado e se mostraram injustos e ineficazes. O mundo precisa de um sistema que nunca existiu, que não renuncie à eficiência, inovação e produtividade, mas que traga outros valores, como a solidariedade, a visão coletiva de mundo e o amor universal. Uma agenda espiritual.

O trabalho e o impacto em nossas vidas

Se o consumo desenfreado, chamado de consumismo, pode acabar com nossa saúde material e espiritual, o trabalho pode construir vidas melhores para nós e nossas famílias e impedir com que nos enrolemos com o dinheiro.

No "Mundo do Céu", vimos que o trabalho pode melhorar a vida das pessoas quando possui uma dimensão espiritual. Quando temos um bom emprego e consumimos de forma consciente, conseguimos ter uma boa vida, guardar recursos para nossos projetos ou investi-los em projetos de outras pessoas, como se fôssemos investidores.

Para evoluirmos profissionalmente, precisamos de estudo, capacitação, treinamento, ou seja, necessitamos de educação.

Como dizia Paulo Freire, a educação é a forma mais efetiva de transformar a vida das pessoas, pois muda seus valores, afasta-as do consumismo e evolui sua vida profissional. Por isso, a educação é o maior tesouro que podemos possuir e não ocupa espaço em nossos armários, além de não agredir o meio ambiente. Ela também exige recursos obtidos por meio do trabalho.

Educação viabiliza a nossa evolução profissional e o trabalho viabiliza a nossa educação.

O segredo para transformarmos nossas vidas passa por uma transformação espiritual que muda nossos valores, faz com que busquemos o bem comum por meio do nosso trabalho, estudos e por uma vida equilibrada, sem consumo descontrolado e com a preocupação com a preservação do meio ambiente.

Ficarmos enrolados em relação ao dinheiro é o reflexo de uma vida sem equilíbrio. A mudança começa com o cultivo de valores que irão transformar as nossas vidas. Essa nova visão de mundo precisará ser predominante entre os povos para que haja mudança global, e os jovens precisam ser agentes fundamentais neste processo.

Saindo do sufoco financeiro

Por que estou cheio de dívidas?

Ter dívidas não é algo ruim. Uma dívida é um compromisso que temos com outra pessoa ou empresa, em razão de algo que compramos a prazo ou de algum dinheiro que pegamos emprestado.

Sem dívidas, dificilmente conseguiríamos atingir nossos objetivos e melhorar nossas vidas. Imagine se tivéssemos que guardar todo o dinheiro para comprarmos uma casa. Ficaríamos bem velhinhos até conseguirmos ou nem mesmo assim seria possível.

Fazer uma dívida é um meio de conseguir realizar estes sonhos e objetivos materiais em menos tempo, seja para conseguirmos comprar um carro, reformar a casa, cursar a faculdade ou mesmo comprar uma TV de 50 polegadas.

Porém, as coisas podem complicar-se caso não saibamos comprar ou se comprarmos por impulso, ou ainda, se não fizermos um planejamento adequado. Sempre que uma dívida ou uma compra for feita e não considerarmos seu impacto em nosso orçamento, provavelmente teremos problemas para pagá-la.

A compra por impulso

A compra por impulso é a principal responsável pela maior parte dos problemas financeiros das pessoas, principalmente para aquelas que não têm por hábito fazer o controle dos seus gastos. A compra traz alguma satisfação quando é realizada, deixando-nos felizes por algum tempo. Afinal, pode ser que sempre tenhamos tido o sonho de comprar aquele celular com uma super câmera, ou mesmo uma bolsa de marca. Porém, quando nos vemos enrascados com a dívida, pode sobrar apenas uma grande dor de cabeça!

O consumo por impulso por vezes é sinal de algum tipo de descontrole em outros aspectos da nossa vida. Ao comprar temos a sensação imediata da satisfação, de ter conseguido algo. Existem estudos sérios que afirmam que comprar alivia o stress e mexe quimicamente com o nosso cérebro!

A questão é que no momento desse tipo de compra as pessoas perdem a capacidade de raciocinar com clareza sobre causa e consequência de uma atitude como essa e só percebem o erro depois. A sensação de amargar a culpa por uma compra impulsiva é comum, todo mundo já passou por isso. Mas é preciso aprender a lidar com esse comportamento se quisermos ter uma vida financeira organizada.

Como Sair das Dívidas

Ficar superendividado ou inadimplente é muito ruim para nossa vida. Perdemos acesso ao crédito, ficamos recebendo ligações de empresas de cobrança o dia todo, além de termos dificuldade para alugar um imóvel no futuro ou comprar qualquer coisa a prazo.

Porém, não podemos desanimar quando ficamos numa situação como essa. É preciso tomar controle da situação, organizar nossa vida e partir para uma renegociação com nossos credores. Esta será uma tarefa que envolverá a família toda. Todo mundo precisará ajudar e participar de algo que é muito importante para todos. Mas como podemos nos organizar para a renegociação?

Para começar é importante entender como inicia o ciclo da inadimplência para tentar evitar que ele chegue até o ponto de ficarmos com o nome sujo.

O ciclo da inadimplência

Ficar inadimplente e com o nome sujo representa o final do ciclo financeiro. Mas, para chegarmos lá, existe todo um processo de descontrole que culmina com o nome sujo nos órgãos de proteção ao crédito.

O processo começa com as compras por impulso ou compras "descobertas", isto é, compramos sem ter como pagar e utilizamos o crédito (cartão ou cheque especial) sem ter como "cobrir" o valor futuramente.

Estas compras sem planejamento geram o desequilíbrio no orçamento. Os gastos ficam maiores do que a receita, o que vai gerar um buraco financeiro ao final do mês.

O buraco do orçamento vai fazer com que tenhamos que escolher alguma dívida para não ser paga. Ou, então, podemos tomar mais crédito e deixar o problema pior mais para frente.

Ao deixarmos de pagar uma dívida, nos tornaremos "inadimplentes" para nossos credores, que irão acionar seus sistemas de cobrança. Se, mesmo após as cobranças, ainda não pagarmos as dívidas, teremos nosso nome incluído nos cadastros de CPFs negativados. Ou seja, ficaremos com o nome sujo.

A melhor solução será nos organizarmos e chamarmos nossos credores para a negociação. Como fazer isso? Veja como na nossa trilha passo a passo.

Passo a passo para sair das dívidas

1. Descubra quais são suas dívidas em atraso.

Pode parecer óbvio, mas tem muita gente que não sabe quais são suas dívidas. Abra as gavetas e junte todas as suas dívidas vencidas. Podem ser carnês, boletos, fatura do cartão, parcelas de contas vencidas, como energia, água etc., e verifique se está devendo também alguma parcela de crédito que contratou no banco ou na financeira, além de checar se está usando parte do seu limite do cheque especial.

Supondo que, em nosso exemplo, chegamos à conclusão que você está devendo 12 mil reais, gora iremos pegar um pedaço de papel e anotar: Dívida em atraso: 12 mil reais.

2. Liste quem são os seus credores.

Agora que você sabe que está devendo 12 mil reais, é preciso saber para quem está devendo e qual o valor da dívida para cada credor.

Banco 1: R$2.000,00 no cheque especial

Banco 2: R$4.000,00 no cartão de crédito

Loja A: R$1.500,00 em carnês.

Condomínio: R$1.000,00.

Aluguel: R$1.200,00.

Energia elétrica: R$600,00.

Conta do celular: R$300,00.

Dívida com o vizinho: R$500,00

Dívidas diversas: R$900,00

Total: R$12.000,00

3. Verifique suas despesas mensais.
Além de listar suas dívidas em atraso e seus credores, é preciso que verifique também quais são as contas que ainda irão vencer no próprio mês e que você precisará pagar. Assinale todas as despesas, como escola dos filhos, condomínio e aluguel que vencerão no mês, energia, água, gás, internet, os gastos do mês com o cartão, além daqueles valores que você tem certeza de que gastará no mês, como combustível, salão de beleza, balada com amigos etc.

- Despesas do mês: R$3.500,00.

4. Tome pé da situação.
Agora você sabe exatamente o tamanho do rombo nas suas finanças.

- Dívida atrasada: R$12.000,00.
- Despesas do mês: R$3.500,00.

5. Descubra sua capacidade de pagamento mensal.
Após descobrir quais dívidas você tem em atraso, e o que mais terá que pagar no mês, é importante saber qual a sua capacidade de pagamento. Vamos supor que, além do seu salário, você receba um aluguel de uma casa.

- Salário: R$2.500,00.
- Aluguel: R$600,00.
- Total: R$3.100,00.

6. Avalie a situação.
Em nosso exemplo, fica claro que a situação é insustentável. Suas dívidas acumuladas chegam a doze mil reais, suas despesas mensais são três mil e quinhentos reais e você possui uma renda de trÊs moç e cem reais. Esta situação foi o que levou ao descontrole e à bola de neve das dívidas.

7. Verifique quais despesas pode cortar.
Do total de três mil e quinhentos reais de despesas mensais, você avaliou aquelas que pode cortar ou diminuir e chegou a um total de despesas mensais de três mil reais.

8. Veja se consegue alguma renda extra.
Conversando com sua família, foi possível descobrir que, se todos ajudarem um pouquinho, buscando atividades que gerem renda, é possível aumentar a renda da família em quinhentos reais.

Recapitulando

Veja o resumo da situação após seguir nossa receita:

Dívidas atrasadas: R$12.000,00 para diversos credores

Despesas do mês: R$3.000,00

Renda atual + extra: R$3.600,00

Saldo positivo: R$600,00

Você possui a capacidade de pagar suas dívidas em atraso de seiscentos reais/mês, que é o que sobrou da sua renda menos as despesas do mês.

Agora que você sabe quem são seus credores e quanto pode pagar por mês da sua dívida atrasada, está pronto para renegociar com seus credores.

O ideal seria uma reunião com todos. Os birôs de crédito (SERASA, Boa Vista, SPC) promovem constantemente Feirões de renegociação de dívidas. Fique atento e não perca a oportunidade!

O que fazer depois que sair do sufoco

Após pagar seus credores e colocar o orçamento em ordem, é preciso refletir sobre os objetivos que você quer para sua vida. Fazer faculdade? Um intercâmbio no exterior? Comprar uma moto? Um apartamento? Não importa quais sejam os seus objetivos, mas sempre é importante tê-los.

Ninguém deve viver apenas para acumular dinheiro, no entanto, ter reservas financeiras deixa nossa vida mais tranquila e nos dá liberdade para fazermos nossas escolhas sem passar sufoco.

Após definir seus objetivos, faça um plano começar a guardar o dinheiro que poderá melhorar sua vida.

Existem muitos produtos financeiros para guardar dinheiro e que lhe darão rendimentos financeiros em função dos juros que serão pagos. Agora os juros estão ao seu favor.

Alguns produtos financeiros para poupar

- **Caderneta de poupança:** é a forma mais tradicional e segura de poupar, mas os rendimentos são baixos. Prefira outros produtos com maior rendimento.
- **Tesouro direto:** produto muito seguro e procurado pelos investidores. Você irá comprar títulos públicos e poderá resgatá-los após um período, o que lhe proporcionará rendimentos maiores do que a poupança.
- **Fundos de investimentos:** são formados por uma cesta de produtos financeiros na forma de um fundo, podendo ser compostos por papéis de renda fixa (o rendimento é definido na contratação) ou renda variável (os rendimentos serão conhecidos após a contratação e irão depender do mercado).
- **Ações:** produto de renda variável e depende do mercado e da performance das empresas das quais você comprou as ações.
- **Bitcoin:** produto de alto risco, com rendimento muito variável e com chances de lhe dar um retorno maior que os demais produtos, mas com grandes chances de você perder dinheiro. Invista uma pequena porcentagem da sua reserva para você conhecer este produto.

O importante é começar a poupar o quanto antes e viver uma vida financeira tranquila. Assim, você poderá se preocupar com as coisas importantes da sua vida, como a família, amigos, autodesenvolvimento, saúde, espiritualidade e propósito na vida.

Por que precisamos trabalhar?

O trabalho garante o nosso consumo e nossa prosperidade

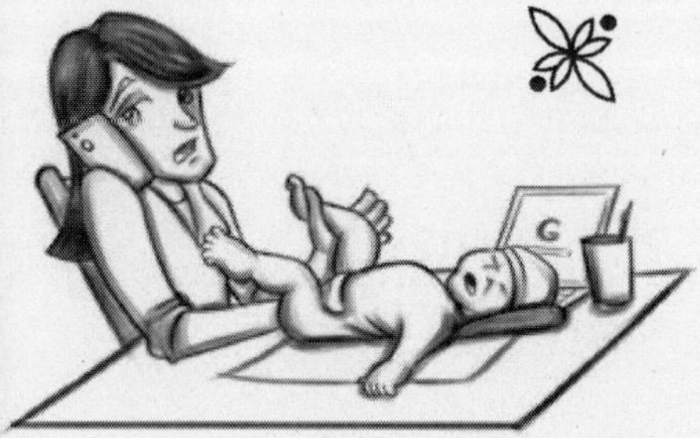

Um consumo equilibrado faz com que consigamos mais qualidade de vida. Para consumirmos, precisamos de dinheiro e o trabalho é a forma mais natural de conseguimos os recursos que precisamos para consumir.

O trabalho deve andar junto ao orçamento pessoal para que possamos ter uma vida financeira saudável. Sempre que recebermos nosso salário, devemos reservar uma parte, não precisa ser grande, para pouparmos e, assim, acumular recursos para atingirmos algum objetivo importante em nossas vidas.

O planejamento do orçamento doméstico garante uma vida financeira tranquila e próspera para todos nós por meio de um consumo equilibrado. O planejamento de nossa carreira garante uma vida profissional promissora para todos nós, que deve ser aliada aos estudos para alavancar ainda mais nossas carreiras e nos transformar em pessoas melhores, mais conscientes.

O trabalho não necessariamente exige que sejamos assalariados. Muitas pessoas podem preferir ser empreendedores, abrir seu próprio negócio. Isso traz riscos, mas pode trazer retornos significativos.

Como se tornar um empreendedor

Empreender exige planejamento também, além de investimentos em capacitação. A educação e o trabalho sempre andam juntos, o que não quer dizer que toda nossa formação educacional tenha que estar ligada ao trabalho. A principal função da educação é nos tornar pessoas melhores.

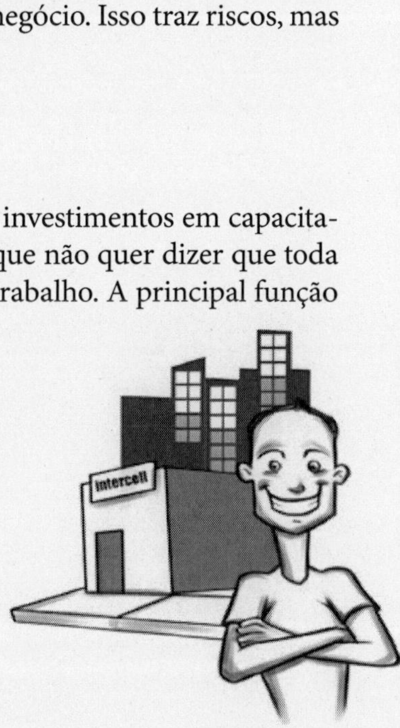

A educação empreendedora deve trazer estudos ligados a como abrir um negócio, gestão financeira, conhecimentos de marketing, estratégia comercial e produtiva, além de aspectos ligados à administração como um todo.

Abrir um negócio exige capital. Tomar crédito para o consumo, sem controle, pode levar ao endividamento acentuado. Assim, tomar crédito para investir em um negócio também exige controle e planejamento.

Existem diversas fontes de recursos para começar um negócio. O crédito bancário é a forma mais comum para obter recursos financeiros, mas muitas vezes não é oferecida para pequenos empreendedores. Também é possível emprestar recursos com investidores.

"Investidores- anjo" são pessoas com recursos financeiros reservados para investir em negócios promissores e que poderão trazer-lhes retorno sobre o capital emprestado. Caso o empreendedor tenha um bom projeto, deve fazer um plano de negócio e apresentá-lo a um ou mais investidores-anjo por meio de uma apresentação, que costuma ser breve, também chamada de *pitch*.

Também é possível conseguir recursos por meio de uma espécie de "vaquinha" ou "*equity crowdfunding*", nos quais pessoas interessadas no seu projeto podem dividir o capital necessário e transformarem-se em investidores ou doadores do seu novo negócio.

Trabalho e educação mudando nossas vidas

Como já dissemos, a educação transforma-nos em pessoas melhores, e o trabalho também tem essa função. Ele desenvolve em nós diversas competências, qualidades que também nos tornam pessoas melhores, como a capacidade de trabalhar em grupo, visão analítica, estratégia, criatividade, entre outras.

O trabalho pode mudar e ampliar as competências de cada um dos nossos tipos psicológicos. Uma pessoa organizada (tipo 1) pode aprender também a cuidar das outras pessoas (tipo 2) e trabalhar num ambiente alegre e descontraído (tipo 7).

As competências de cada tipo formam um profissional muito mais completo e preparado para as demandas profissionais que iremos encontrar.

O futuro do trabalho

Segundo Domenico de Masi, o novo sistema econômico e social, que deverá substituir o atual, irá precisar de profissionais com competências diferentes das valorizadas atualmente. Será necessário um novo conceito de inteligência, muita criatividade e repertório, além de uma visão coletiva de mundo, que traz a espiritualidade para o trabalho.

Os valores humanos, como a ética e a diversidade serão cada vez mais valorizados e as pessoas descobrirão que ganhar dinheiro a qualquer custo não irá mais ser tolerado pela sociedade.

Outras competências importantes serão a subjetividade e a customização, que se chocarão com a padronização da sociedade industrial. A massificação dará lugar a projetos destinados a públicos e pessoas específicas e os diversos grupos terão sua voz respeitada e seus direitos garantidos.

A emoção e a criatividade irão se juntar ao intelecto. A razão e o pensamento continuarão sendo valorizados, mas deverão compartilhar espaço e atenção com as emoções, intuição e a atitude espiritual no ambiente profissional.

O executivo dominador e explorador, que busca resultados de forma indiscriminada será substituído pelo profissional que sabe comover-se perante a vida, que escuta mais do que fala e que poderá trabalhar de qualquer lugar do mundo e, assim, se tornar um cidadão planetário.

Trabalho solidário

Trabalho sempre foi uma atividade individualista, mesmo quando o trabalho em equipe foi institucionalizado. Por mais que as pessoas exercessem suas atividades em conjunto, o fruto do trabalho ou retorno do investimento ainda era um resultado individual.

O novo trabalho será solidário. Terá como foco os resultados coletivos, o bem comum, as demandas sociais. Isso não significa que perderemos nossa individualidade. E, sim, que focaremos nossa energia nos interesses de todos no planeta.

O novo trabalho será uma atividade espiritual; uma construção coletiva almejando o melhor para todas as espécies. Se consumirmos menos, poderemos trabalhar menos e usar nossas horas vagas para os estudos, as artes, a vida em comunidade.

O impacto da nossa escolha de carreira

Carreira e Propósito

Carreira é uma sequência de experiências e atividades que formam nossa trajetória profissional. A carreira que construirmos irá dizer quem seremos, pois ela desenvolverá mais algumas competências em detrimento de outras.

A carreira deveria ser direcionada pelo autoconhecimento, a fim de que seja descoberto o nosso Propósito no mundo. Saber nosso Propósito é saber o que viemos fazer aqui e isso está ligado à nossa missão espiritual.

Quanto mais nossa carreira estiver ligada ao nosso Propósito, menos iremos desviar-nos pelo caminho e mais nos colocaremos a serviço. Uma carreira bem-sucedida não está ligada à quantidade de dinheiro que ganhamos ou ao poder que possuímos, mas, sim, ao impacto positivo que geraremos ao mundo.

Aspectos importantes na escolha de nossa carreira

Vejam alguns exemplos de carreira pela ótica de Domenico De Masi:

Segundo o autor, o trabalho deve ser algo ecológico, isto é, deve atender às necessidades humanas em sua plenitude. Isto começa por nos livrarmos da tirania do trabalho, a necessidade de comando e controle.

As carreiras do presente e do futuro não devem mais ser baseadas em comando e controle. Os profissionais não precisam mais disso. O senso comum de que as pessoas são indolentes é falso. As pessoas são interessadas em fazer aquilo que lhes dá prazer, atende às suas necessidades interiores e, de preferência, contribuem para algo maior.

De Masi afirma que o trabalho deve ser algo solidário. Não faz sentido pensarmos na empresa como aquela velha máquina onde o que devemos fazer é apenas apertar as engrenagens. Agora, as empresas se assemelham mais a colmeias, onde cada área ou departamento une-se às outras unidades de forma orgânica. Isto exige visão sistêmica, uma competência fundamental, nas palavras de Peter Senge.

Trabalhar de qualquer lugar caracteriza o aspecto "solitário" do trabalho. As aspas foram colocadas porque esta solidão ocorre pelo fato de as pessoas estarem distantes umas das outras no mundo do *home office*, mas um bom sistema de gestão pode minimizar essa distância. O trabalho em qualquer lugar abre inúmeras oportunidades para as pessoas se tornarem "nômades digitais" e conhecerem o mundo, engajarem-se em diversas comunidades e serem cidadãos globais.

Trabalhar menos é outro aspecto do Novo Trabalho, segundo De Masi. As famosas jornadas de 44 ou 30 horas semanais, previstas nas leis trabalhistas do país, não conseguem mais garantir entregas de alto valor agregado. O trabalho em *home office* traz a necessidade de avaliar as pessoas pelos seus projetos, não necessariamente vinculado a uma jornada de horas semanais de trabalho.

Lógico que pessoas engajadas costumam trabalhar muitas horas. Mas, nesse caso, a premissa de significado maior do trabalho está atendida e o processo torna-se quase uma diversão. O objetivo se torna vencer um desafio, entregar algo inovador e colocar-se a serviço. O tamanho da jornada é o que menos importa.

De Masi também traz o famoso conceito do "Ócio Criativo", nome do seu livro mais célebre. Este aspecto está ligado aos outros citados anteriormente. Precisamos ocupar nossas mentes com múltiplos estímulos, como artes, atividades corporais, lazer e práticas espirituais. Isso exige tempo livre e jornadas menores. Lembrando que ainda temos os trabalhos domésticos, filhos e muito mais que demandam nossa atenção.

A carreira que iremos escolher é definida por diversos aspectos e, atualmente, flexibilidade, pouco comando e controle, qualidade de vida, trabalhar de qualquer lugar, tempo livre para criatividade são os principais aspectos na escolha da empresa onde trabalhar e da carreira a ser escolhida.

Muitas pessoas escolhem ter seu próprio negócio, pois, apesar das incertezas, ganham a liberdade e possibilidades que um empregado não conseguiria ter. O empreendedorismo social é ainda mais completo, pois deixa nosso Propósito muito mais próximo.

Nossa carreira precisa ter grande impacto, inicialmente, em nossas próprias vidas, nas vidas daqueles que estão próximos, na comunidade e até mesmo no planeta como um todo.

Conversa com Filósofos e Xamãs

Selecionamos dois filósofos que defendiam o papel do trabalho para a geração de riquezas, mas com pontos de vista bastante diferentes.

Adam Smith

Adam Smith nasceu na Escócia, em 1723. Foi um importante filósofo do Iluminismo e o principal economista do seu tempo, sendo considerado o pai da economia moderna. É também o pai do liberalismo econômico, pois defendia que o Estado não deveria intervir na economia, cuidando apenas de assuntos básicos relativos à sociedade, como a educação, saúde e segurança.

O mercado seria o agente econômico, por meio da chamada Lei de Mercado ou Lei de Oferta e Procura. Quando a oferta fosse maior do que a procura, o mercado ficaria com muitos produtos e não haveria compradores para todos eles. Desta forma, os preços cairiam até um patamar onde os vendedores não se interessariam mais por vender seus produtos, reduzindo a oferta e fazendo com que os preços chegassem novamente ao equilíbrio. Quando a procura fosse maior do que a oferta, faltariam produtos no mercado, e isto faria com que os preços subissem, incentivando que mais vendedores colocassem os produtos no mercado, equilibrando novamente os preços.

Smith defendia que a chamada "mão invisível" do mercado deveria regular a produção e venda de produtos em função da oferta e procura existentes. Para o filósofo, o valor ou preço de um bem é definido pela quantidade de horas de trabalho acumuladas na sua produção. Assim, para produzir uma garrafa de vinho, demandaria, por exemplo, 5 horas de trabalho humano, fixando seu preço em 30 reais. Já para produzir um casaco, seriam necessárias 10 horas de trabalho humano, e seu preço seria 60 reais.

O que Smith não previu foi que o mercado de concorrência perfeita não existia na prática, sendo que poucos vendedores detêm a capacidade de controlar o mercado e fazerem seu preço. Isto ocorre em quase todos os mercados, como a indústria automobilística, de eletrodomésticos, computadores etc. Esse grupo de poucos produtores é chamado de cartel ou oligopólio.

Karl Marx

Karl Marx nasceu em 1818, na Prússia (antes de se tornar Alemanha). Foi filósofo, economista, historiador, sociólogo entre outras profissões. Marx foi herdeiro da *teoria econômica do valor trabalho,* de Adam Smith. Ambos concordavam que a quantidade de trabalho de um bem é que o que define seu valor.

Contudo, Marx trouxe uma reflexão que, até aquele momento, ninguém havia pensado. Para ele, o trabalho realizado pelos operários era pago apenas parcialmente a eles, representado pelo seu salário. Outra parte do trabalho produzido pelos operários era apropriado pelos patrões, ou, como ele chamava, pelos capitalistas. A teoria de Marx deu origem a sua célebre obra *O Capital.*

Marx defendia um sistema econômico em que não houvesse mais a apropriação do trabalho humano pelos capitalistas, mas no qual os operários teriam o direito a receber todo o valor gerado pelo seu trabalho, o que aumentaria a renda e levaria prosperidade às classes pobres. Seria um sistema controlado pelos trabalhadores, com forte enfoque social, chamado de "socialismo".

As ideias de Marx inspiraram a Revolução Russa do início do século 20, dando origem ao bloco de países socialistas que se expandiu após a Segunda Guerra Mundial. O modelo socialista entrou em colapso no final do século 20 e, atualmente, temos alguns países com ideologia supostamente socialista, mas com modo de produção capitalista, como é o caso da China.

Os Xamãs

Os Xamãs originais das civilizações ancestrais viviam em sociedades onde o dinheiro e o trabalho assalariado não existiam. As pessoas trabalhavam em comunidade, com o foco no bem comum. Alguns caçavam, pescavam e outros cozinhavam e cuidavam das crianças. Uma sociedade totalmente integrada com o meio ambiente e que não devastava as florestas para o crescimento econômico.

Logo, parece que não faz sentido falar sobre trabalho assalariado e dinheiro para o mundo xamânico. Contudo, as sociedades se transformam, e o xamanismo precisa se adaptar. Atualmente, os povos originários ou indígenas travam uma verdadeira batalha para que suas terras sejam preservadas e demarcadas, a fim de evitar que a pecuária e o garimpo invadam-nas e destruam-nas, citando como exemplo o que ocorre na Amazônia.

O xamanismo traz sua mensagem de integração e equilíbrio do homem com a natureza, herdada de seus ancestrais. Não existe registro de uma civilização indígena que tenha sido responsável pela degradação do meio ambiente. A sabedoria xamânica sempre colocou o homem em seu devido lugar no grande ecossistema que é o nosso planeta.

Já a sociedade moderna, para a qual o dinheiro é o grande motor, tem sido responsável pela degradação ambiental e pelos desequilíbrios sociais. A cultura xamânica tem muito a ensinar ao mundo moderno; colocar nosso Propósito a serviço do entendimento desta forma delicada e sábia de viver pode ser um grande projeto para quem quiser se aventurar.

Plano Financeiro

Minhas metas de curto prazo são:..

Minhas metas de médio e longo prazo são:..

Minha renda mensal é:...

Meus gastos fixos mensais são:

....Valor:

....Valor:

....Valor:

....Valor:

....Valor:

Meus principais gastos variáveis são:

....Valor:

....Valor:

....Valor:

....Valor:

....Valor:

Minhas dívidas atrasadas são:

....Valor:

....Valor:

....Valor:

....Valor:

....Valor:

O valor máximo que posso pagar por mês para quitá-las é:....................................

O valor mensal que posso poupar para reserva de emergência é:............................

O valor mensal que posso poupar para minhas metas é:..

Metas associadas à minha poupança:...

Tempo para atingir minha meta: ....

A meta será atingida em:...

Plano de Carreira

Qual legado que você gostaria de deixar para o mundo?..

Quais os três números do Eneagrama mais fortes em você?....................................

Quais os três números do Eneagrama menos fortes em você?.................................

Escolha 3 energias dos tipos abaixo:

1: ◯ Educador (líder espiritual, assistente social, ativista)

2: ◯ Terapeuta (médico, profissional da saúde em geral)

3: ◯ Executivo (empreendedor, diretor/gerente de empresas)

4: ◯ Artista (artesão, escritor, *designer*, produtor artístico)

5: ◯ Especialista (técnico, cientista, desenvolvedor de *software*)

6: ◯ Gestor de projetos (especialista em *compliance*, qualidade, analista de sistemas e processos)

7: ◯ Desenvolvedor de negócios

8: ◯ Líder político (magistrado, político, gestor de políticas públicas, jornalista)

9: ◯ Facilitador (consultor, *coaching*, psicólogo, gestor de pessoas)

Escolha uma carreira que utilize a energia dos seus 3 números mais fortes e de algum dos números mais fracos.

Defina seu plano de estudos:

Curso: .... Ano de conclusão:

Curso: .... Ano de conclusão:

Curso: .... Ano de conclusão:

Relação com seu plano financeiro

Recursos mensais necessários para seu plano de estudos: ....

....

Necessidade de crédito (caso exista): ....

....

Plano financeiro é compatível com plano de carreira? ....

....

Se não for, quais ações o podem trazer aumento de renda, ou recursos para financiamento?

....

....

....

Capítulo 2

O Grande Caminho da Saúde

Introdução

A saúde é uma preocupação básica dos povos em todos os tempos. Existem muitas fontes de saúde, como o Sol, o contato com a natureza, alimentos naturais, plantas medicinais, exercícios físicos e práticas para conforto da mente.

Pensar em saúde significa entender que somos um todo, um sistema, com aspectos físicos, energéticos, emocionais, mentais e espirituais. Este capítulo trará contribuições para nossa saúde que virão do Mundo do Céu com a revelação sobre os diversos corpos que nos envolvem, por exemplo e pelo Mundo da Terra com dicas sobre alimentação e demais práticas.

A ideia de mostrar nossa saúde como o resultado da relação que temos entre o Céu e a Terra surgiu para mostrar que somos o resultado de diversas práticas e crenças e que o caminho da integração entre as diversas escolas pode ser muito benéfico em nossa jornada. Quando não temos um bom padrão mental ou de pensamentos, cultivamos emoções nocivas que irão prejudicar nosso corpo físico e os demais.

Conhecer a existência no Mundo do Céu nos ajudará a perceber que cuidar da saúde não é importante apenas para o corpo físico, que não é o único, mas para toda estrutura dos corpos sutis, mais próximos do nosso espírito.

A jornada do Eu Integral deve necessariamente passar pela dimensão da Saúde, sendo um estágio básico, mas extremamente necessário. Buscar nosso Propósito com a saúde debilitada é possível apenas para as pessoas santas, que tiveram uma vida na forma de calvário e, mesmo assim, cumpriram magníficas missões. Mas, cuidado, eles eram pessoas preparadas para dar esse testemunho. O restante de nós precisa se preocupar em muito com a saúde para planejar e executar seu Propósito na Terra.

Mundo do Céu

Os sete corpos do ser humano

Sete corpos? Então, além do corpo físico, que sempre nos preocupamos e adoece com certa frequência, temos mais 6 corpos? Sim, é isso mesmo!

Mas o que serão os sete corpos? Será que são um tipo de alma? Espírito? Einstein já dizia que tudo no universo é energia. A própria matéria é energia desacelerada ou condensada. Então, a matéria no formato sólido ou energético preenche tudo no universo.

O universo é uma teia dinâmica de energia que compõe tudo que nele existe. O Mundo do Céu explica que essa energia possui diversas densidades, podendo ser mais grosseira ou mais sutil. Nosso corpo físico, que muitos acreditam ser o único que existe, é formado por energia densa e grosseira. Nossos sentidos conseguem enxergar apenas energia densa e grosseira também.

A maior parte da energia ou matéria que existe no universo não é do conhecimento do homem no plano em que existimos. O Mundo do Céu afirma que existem sete densidades principais de matéria, ou seja, o homem e os outros seres do universo possuem sete veículos ou corpos. Quanto mais sutil for o corpo, mais próximo ele estará da nossa origem, segundo o Mundo do Céu.

Os sete corpos do homem podem ser classificados em dois grupos: corpos inferiores, ligados a uma forma mais grosseira e limitada de consciência; e os corpos superiores, que manifestam nossa parte mais sublime.

Os corpos inferiores são formados pelo nosso corpo físico, energético (etérico), emocional (astral) e do pensamento (mental ou mental inferior) e representam a jornada atual do ser. Eles formam os veículos da nossa atual personalidade e são efêmeros e transitórios. Quando formos viver outra jornada, teremos a formação de novos corpos inferiores, e, assim, continuaremos nossa existência.

Os corpos superiores são a morada na nossa Essência ou Espírito, também chamado de Eu Superior. Eles não possuem formas, são muito sutis e seu desenvolvimento depende das nossas experiências, escolhas e atitudes nas diversas jornadas que iremos ter.

Os corpos inferiores são limitados e passageiros, os corpos superiores são ilimitados e infinitos.

Blavatsky e Anne Besant escreveram livros muito didáticos sobre os sete corpos do ser humano.

Corpos Inferiores

Corpo Físico

É o nosso corpo mais conhecido. Formado pela matéria densa que conseguimos tocar, cheirar, sentir de forma geral. O Mundo da Terra conhece apenas este corpo. As ciências estudam apenas este corpo. A medicina trata apenas deste corpo.

O corpo físico é o resultado na nossa hereditariedade, dos genes que recebemos dos nossos pais e é um sistema bastante complexo, que envolve a circulação, digestão, nervos, entre outros componentes.

As ciências estudam apenas os fenômenos e seres do chamado "plano material" que, para ela, é o único existente. O Mundo do Céu, em seus milhares de textos, mostra que o plano material é apenas o mais externo dos planos e quando o corpo material entra em colapso, ocorre a chamada "morte", que seria o fim apenas do corpo mais denso, e não do restante do Ser.

Corpo Etérico

Também possui o nome de "Duplo Etérico" porque é uma cópia perfeita do corpo físico. Ele representa um corpo energético que vitaliza o corpo físico. Sua energia é enviada ao corpo físico, estabelecendo a sua saúde.

A energia do corpo etérico é formada por um fluido universal chamado "éter", uma fonte infinita. Contudo, quando estamos desequilibrados física, mental ou emocionalmente, o corpo etérico não consegue prover o corpo físico de forma correta e isso causa as doenças do corpo físico. Na prática, as doenças do corpo físico têm sua origem em desequilíbrios do sistema de corpos como um todo, principalmente os inferiores.

Segundo o Mundo do Céu, os médiuns – pessoas que conseguem se comunicar com outras pessoas que habitam outros planos – utilizam o éter do corpo etérico, também chamado de ectoplasma, para viabilizar esta comunicação.

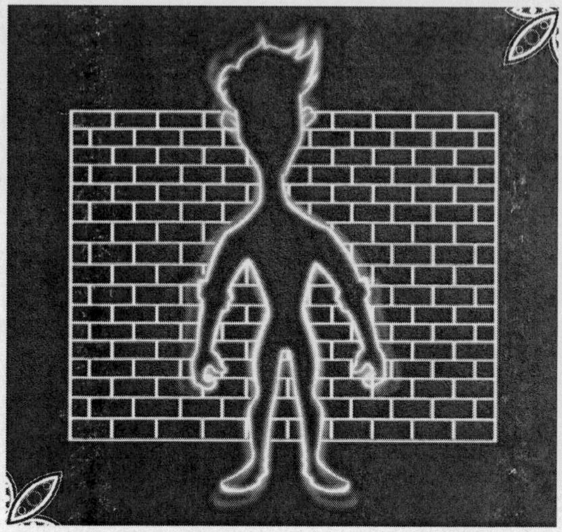

Todos os seres vivos possuem o corpo etérico, mas nem todos possuem os outros corpos que trataremos em seguida. Quando morremos, o corpo etérico também morre, dissolvendo-se após algum tempo, que irá depender da forma como foi a morte e a natureza de quem morreu.

Corpo Astral

O corpo astral, também conhecido como "corpo dos desejos", é alimentado pelas nossas emoções e sentimentos. Ele também possui a forma do corpo físico, porém, é formado energia bem mais sútil, sendo invisível aos olhos físicos.

Quando morremos, não perdemos o corpo astral e ele passa a ser nosso principal veículo. Isso significa que todas as pessoas que morreram continuam suas vidas no plano astral como se nada tivesse acontecido.

Esporadicamente, algumas pessoas, conhecidas como médiuns, conseguem ver os corpos astrais de pessoas que já morreram ou mesmo das pessoas vivas, pois, ao dormir, o corpo astral e os demais corpos "abandonam" o corpo físico e viajam aos outros planos do universo.

O corpo astral tem a função da sensibilidade, dor ou prazer, registro das emoções, desejos, vícios, sentimentos, paixões etc. A matéria astral é muito sensível ao pensamento, podendo ser moldada pela nossa força do pensar. Isto quer dizer que no plano astral é possível plasmar objetos e quase qualquer tipo de coisa, apenas com a força do pensamento.

Quando estamos emocionalmente desequilibrados, o corpo astral se desorganiza, e como todos os corpos estão interligados, isso ocasiona problemas no corpo etérico e físico. Uma boa parte das doenças do corpo físico tem sua origem em problemas emocionais e afetivos que advêm do corpo astral.

Do mesmo modo que podemos tratar do corpo físico por meio de exercícios, massagens e boa alimentação, podemos também tratar do corpo astral desenvolvendo nosso intelecto e que cultivando boas emoções e sentimentos.

Um corpo astral de uma pessoa que emana pensamentos grosseiros e emoções destrutivas é escuro, grosseiro e espesso. Já pessoas que emanam bons pensamentos e emoções possuem um corpo astral claro, luminoso e brilhante. Você nunca havia pensado que precisa cuidar da saúde não apenas do corpo físico, não é mesmo?

Corpo Mental

O corpo mental, também chamado de mental concreto ou inferior, é formado pelos nossos pensamentos. Quanto mais o homem tiver se desenvolvido em suas diversas jornadas, mais desenvolvido também será seu corpo mental.

O corpo mental é a sede da personalidade do ser humano. Todas as crenças, valores e visões de mundo que possuímos estão sediadas no corpo mental. Bons pensamentos irão afetar positivamente o corpo astral e nossas emoções, que afetarão o corpo etérico e, finalmente, o físico, trazendo saúde e bem-estar para nossas vidas.

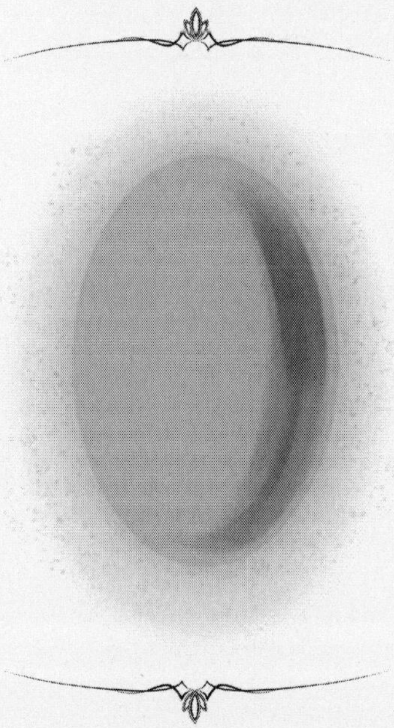

Pensamentos grosseiros, confusos e dispersos trarão efeitos ruins para os outros três corpos, causando desequilíbrios e até mesmo enfermidades. Se as emoções podem afetar nossa saúde, os nossos pensamentos possuem uma força ainda maior, pois emanam a energia mental, que afeta de forma aguda nossos sentidos e nosso físico.

O corpo mental não possui mais a forma humana, pois começa a se aproximar mais da nossa essência espiritual, que não possui uma forma definida. Após perder os corpos físico e etérico, no momento da morte, o homem utilizará seu corpo astral como principal veículo, mas poderá também se livrar dessa veste e ascender ao plano mental, tendo o corpo mental como veículo principal.

Corpos Superiores

Corpo Causal

O corpo causal também é chamado de corpo mental abstrato ou superior, pois é sede dos pensamentos mais complexos e elevados.

Enquanto o corpo mental concreto está ocupado em construir pensamentos concretos e menos complexos para o corpo físico, sediados no nosso cérebro, o corpo causal ou mental abstrato emana pensamentos complexos agrupados na forma de modelos ou sistemas e possuem influência do nosso espírito ao transmitirem a preocupação com o Todo, solidariedade e fraternidade.

O corpo causal, ao tratar o pensamento de forma sistêmica, preocupa-se com a essência ou causa das coisas, daí o nome corpo causal. O corpo mental trata o pensar de forma simplificada e detalhada. O corpo causal trata do âmago das coisas, da sua origem e do seu significado mais profundo.

Assim como o corpo mental pode influenciar os outros três corpos inferiores (astral, etérico e físico), o corpo causal começa influenciando o corpo mental, antes de chegar aos outros. Logo, a capacidade de pensar e viver a essência das coisas – e se envolver pelo sentimento de totalidade e visão coletiva – emana energia de cura para todo o sistema de corpos inferiores.

Quanto mais nos preparamos para idealizar sistemas de transformação social ou planetária, mais desenvolveremos nossos corpos superiores e levaremos equilíbrio para os corpos que sediam nossa personalidade.

O corpo causal também armazena todas as experiências que vivemos em nossa jornada atual e anteriores, como se fosse um grande banco de dados. Essas vivências servirão como orientação para a construção dos nossos novos caminhos e serão fonte constante de consulta e aprendizado.

Corpo Búdico ou Buddhi

Buddhi é uma palavra sânscrita e significa a capacidade de discernir, intuir, julgar e compreender. Logo, o corpo buddhi é a sede de nossa consciência.

O corpo buddhi possui a energia moral, intuitiva e consciencial. A energia moral é nossa capacidade de discernir entre o bem e o mal, não apenas sob o ponto de vista individual, mas também com o pensamento no coletivo. Quando temos nosso corpo buddhi desenvolvido, nossas ações não se preocuparão apenas com nossa individualidade, mas, sim, com a coletividade. Este corpo é a sede do bem comum.

A energia intuitiva traz a inspiração e a capacidade de absorvermos a realidade sem a necessidade do uso dos sentidos, das emoções e do pensamento. Ela traz a criatividade e nossa capacidade de construir obras notáveis, inspiradas pela beleza e pelo bem. Aqui está nossa capacidade de entregarmos ao universo nossa obra-prima.

A energia consciencial é nossa capacidade de coordenar a nossa vida e dos demais, de forma que tudo esteja ligado à Centelha Divina. Ao atingirmos esse estado, nosso Eu Superior assume o rumo da nossa jornada, ganhamos uma extrema capacidade de Presença e aquilo que foi chamado de "consciência cósmica".

No corpo buddhi, vivemos nossa identidade espiritual, potencializando nossa capacidade de agir, transformar, acolher e cuidar do Todo.

Corpo Átmico ou Atma

A palavra Atma também vem do sânscrito e significa nosso Eu Transcendental, a essência eterna, imutável e em comunhão com a essência do universo.

O corpo átmico é o estágio da experiência humana onde não existe mais divisão ou fragmentação. A separatividade desaparece e vivemos em comunhão com o Todo. Ele seria a morada dos Céus, como falavam os profetas e seres iluminados.

No corpo átmico desenvolvido reside a morada do Amor Universal e ele representa nosso veículo de conexão com o Espírito Criador.

Os Chacras

O Mundo do Céu trouxe para nós o conhecimento sobre o homem e seus corpos. Pensávamos que tínhamos apenas um, não é?

Além dos corpos e seus diversos tipos de matéria, o Mundo do Céu nos fala também sobre os chacras, palavra que vem do sânscrito e significa "roda". Possuem este nome porque são vórtices de energia que giram como um redemoinho, permitindo a entra e a saída da energia que nos alimenta.

Os chacras, centros de energia, percorrem todos os corpos do homem e residem no corpo etérico, que filtra, decompõe e transfere a energia vital do universo, o éter ou prana, para nosso corpo físico, por meio de rios de energia. Esse fluxo

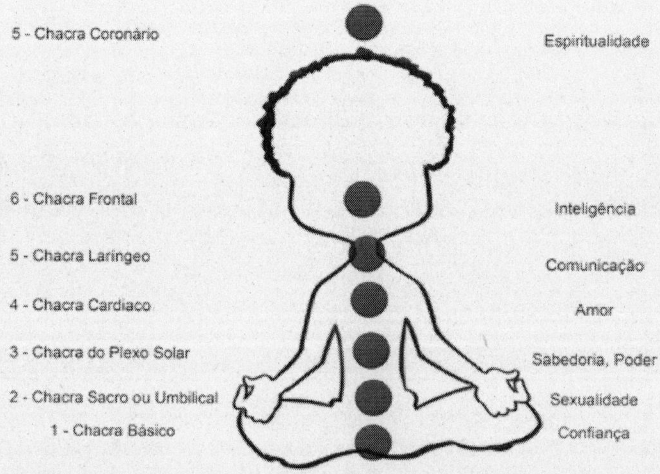

vai primeiramente para o sistema nervoso, para as glândulas endócrinas, e depois para o sangue, por meio dos chacras, a fim de revigorar o corpo físico.

Também é através dos chakras que perdemos energias quando estamos em sofrimento físico, emocional ou psíquico. Nas pessoas espiritualmente desenvolvidas, eles são amplos, brilhantes e translúcidos, podendo atingir até 20 cm de raio. Nas pessoas mais materialistas, de vibrações mais baixas ou primitivas, apresentam-se com cores mais escuras, opacas e com diâmetro reduzido.

O Mundo do Céu fala em mais dc 88 mil chacras cm nosso corpo, mas sctc são os principais e estão distribuídos em nossa coluna vertebral. Cada um dos sete chacras principais possui uma relação direta com um dos sete corpos humanos, permitindo que todo o sistema se torne equilibrado em torno do nosso corpo físico. Todos os corpos trabalham como se fossem apenas um.

Cada chakra é visto como se fosse uma flor com um certo número de pétalas. O chacra básico possui apenas 4 pétalas, enquanto o Coronário possui 960. Estas pétalas são pequenos vórtices que giram a alta velocidade. As cores observadas em cada chakra relacionam-se com a frequência da energia que está sendo metabolizada nessa determinada velocidade.

Os sete chacras

Primeiro chacra: básico

Este Chakra é aberto para baixo, ao final da coluna vertebral e representa a ligação do homem com a terra ou com o mundo material e físico, e está vinculado à nossa existência terrena, à nossa sobrevivência. Relaciona-se com o nível da consciência que nos permite sobreviver no mundo, com tudo o que é material, sólido e corporal, como também com nossa energia física e com nossos desejos de viver no mundo físico. Quanto mais aberto e vitalizado estiver este Chakra, mais eleva¬da será nossa energia física e nossa disposição. Assim, estaremos bem enraizados, e viveremos com determinação e constância nossas vidas.

Estão concentradas nele as qualidades ligadas à matéria física, como o alimento, o ar, a água, os recursos econômicos, o trabalho ou emprego, capacidade de lutar, ganhar e gostar de dinheiro, lutar pela realização de nossos ideais e desejos e ter rumo e orientação sem depender de outras pessoas.

A cor do primeiro chacra é vermelha ou marrom. O uso dessas cores pode fazer com que sua energização seja acelerada.

Bloqueios no chacra básico podem resultar em pacifismo extremo, medo existencial, medo da morte, dificuldade em planejar o tempo, impaciência e dependência.

Segundo chacra: umbilical

O chacra umbilical localiza-se na região do mesmo nome, está aberto para frente, tendo também um vórtice para trás. É o chacra da propagação da espécie e, portanto, da reprodução. Como consequência lógica, representa as relações afetivas no que concerne ao prazer sexual.

É o Chacra que concentra as qualidades que têm a ver com a sexualidade, curiosidade, busca criativa do prazer material, gosto pelas coisas belas, pela arte, pelas emoções e, obviamente, as relações com outros indivíduos. Por exemplo: amor sexual, abertura para coisas novas, relações afetivas, amorosas e sexuais.

É um chacra fundamental, cuja correta atividade nos permite amar a vida, fazendo com que seja mais prazerosa. Se funciona mal, pode transformar a vida num pequeno "inferno" pessoal que termina se refletindo nas pessoas com que vivemos e nos relacionamos.

Bloqueios no chacra umbilical podem levar ao medo da proximidade física, repugnância pelo corpo, mania de limpeza, mente centrada apenas na razão, desordens rítmicas, isolamento, frigidez, impotência, medo de cair.

A cor do segundo chacra é laranja. O uso dessa cor pode fazer com que sua energização seja acelerada.

Terceiro chacra: plexo solar

O chacra do plexo solar localiza-se na região do diafragma, na boca do estômago, está aberto para a frente, tendo também um vórtice para trás. É o chacra da personalidade, da mente racional e individual, da vitalidade, da vontade de saber e aprender, da ação do poder, do desejo de viver, de comunicar e participar.

É o chacra da ligação com as outras pessoas. Promove a autoaceitação e autoestima. É através de sua plena harmonia que vivemos em plenitude nossos atributos físicos e mentais e faz com que nos movamos na sociedade com desenvoltura e harmonia.

O terceiro chacra é o que mais se relaciona com nossa personalidade e por isso absorve muita energia dos dois primeiros chacras. Vontade e poder representam para nós uma chave do sucesso, mas pode também implicar no desejo desenfreado pelo aumento de posses, pelo individualismo exacerbado e pelo egoísmo extremo.

Bloqueios no chacra do plexo solar podem levar à necessidade de controle e posse sobre outras pessoas, ambição desenfreada, gastos compulsivos, ansiedade e inveja.

A cor do terceiro chacra é amarelo. O uso dessa cor pode fazer com que sua energização seja acelerada.

Quarto chacra: cardíaco

O chacra cardíaco localiza-se na região do coração. Está aberto à frente, tendo também um vórtice para trás. É o chacra do amor incondicional, que nos permite amar inteiramente e sem condições. Quando está ativo, faz com que consigamos nos relacionar com facilidade, aceitando tanto os aspectos positivos quanto negativos das outras pessoas e somos capazes de dar amor sem esperar nada em troca.

Como é o chacra do meio, age como uma ponte de energia entre os outros chacras. É o chacra pelo qual passa toda a energia que desejamos oferecer aos outros. Somente se este chacra estiver aberto e vitalizado, poderemos doar energia de cura.

Quando o quarto chacra está em desarmonia, não somos capazes de amar ou pensar no próximo, e, então, pensamos que as outras pessoas, ou o Sagrado, são incompatíveis conosco e podemos desenvolver mecanismos violentos de resposta aos outros.

Bloqueios no chacra cardíaco podem resultar na imposição de condições ao amor, amor sufocante e egoísmo.

A cor do quarto chacra é verde ou rosa. O uso dessas cores pode fazer com que sua energização seja acelerada.

Quinto chacra: laríngeo

O chacra laríngeo localiza-se no meio da garganta, próximo da região designada como "pomo de Adão". Está aberto à frente, tendo também um vórtice para trás. É o chacra da comunicação externa.

Quando está ativo, faz com que nos comuniquemos com facilidade, sejamos criativos e tenhamos a capacidade de receber e assimilar. Relaciona-se com os sentidos do paladar, da audição e do olfato.

Quando está aberto e harmonizado, o chacra laríngeo faz com que sejamos conscientes da responsabilidade de nosso desenvolvimento em todos os sentidos, desde as nossas necessidades materiais até as espirituais. Passamos a saber qual nosso papel na sociedade, no trabalho e nos preocupamos em conseguir o máximo de satisfação possível.

Bloqueios do quinto chacra podem fazer com que tenhamos rouquidão, dificuldade em nos comunicar, medo de falar em público e vontade de polemizar.

A cor do quinto chacra é o azul claro. O uso dessa cor pode fazer com que sua energização seja acelerada.

Sexto chacra: frontal

O chacra frontal localiza-se no meio da testa, entre as sobrancelhas. Está aberto à frente, tendo também um vórtice para trás. É o chacra dos sentidos. Ele é responsável pela energia da parte superior da cabeça, parte craniana, olhos e ouvidos.

O chacra frontal, ou terceiro olho, representa a intuição, a vidência e a audiência no campo da paranormalidade. Percepção, conhecimento e liderança são prerrogativas do sexto chacra. É esse Chakra que nos permite entrar no mundo do aparentemente invisível, mediante a percepção extrassensorial.

Ele emana nossa energia mental e nossa capacidade de construímos pensamentos elevados e complexos.

Bloqueios no sexto chacra podem resultar na falta de objetivo e instabilidade na vida, alienação do trabalho e medo de contato com os planos espirituais.

A cor do chacra frontal é o azul índigo. O uso dessa cor pode fazer com que sua energização seja acelerada.

Sétimo chacra: coronário

O chacra coronário está localizado no alto da cabeça, na chamada "coroa". Está aberto para cima com um único vórtice. Ele representa a compreensão e a ligação com energias superiores. Está associado à conexão da pessoa com sua espiritualidade e à integração de todo o Ser: físico, emocional, mental e espiritual.

É o chacra que trabalha as energias mais sutis e elevadas. Ele tem forma diferente dos demais chacras, com intensas radiações luminosas e translúcidas. Chegar à abertura e à plena consciência deste chacra conduz à perfeição do Ser. Porém, somente se chega a isso de¬pois da abertura e a consciência de todos os outros chacras.

O sétimo chacra é luz de conhecimento e consciência, a visão global do universo e é nosso caminho de crescimento para que alcancemos a serenidade espiritual e a completa cons-ciência universal.

Bloqueios no sétimo chacra podem resultar na falta de compreensão e interesse pela espiritualidade e por visão materialista da existência.

A cor do chacra coronário é o violeta. O uso dessa cor pode fazer com que sua energização seja acelerada.

Obsessões ou Encostos

O Mundo do Céu vai nos explicar agora um conceito polêmico e pouco compreendido. As obsessões espirituais, vulgarmente chamadas de "encostos".

Obsessão é a ideia fixa de possuir ou dominar outra pessoa. É algo muito comum em nosso planeta, infelizmente. Isso ocorre quando criamos a ideia fixa de que apenas poderemos ser felizes se tivermos outra pessoa ao nosso lado.

Quando ficamos obcecados por outra pessoa, colocamos toda nossa energia vital para criarmos artimanhas para conquistar a pessoa desejada. O esforço de domínio pode ser apenas mental, mas também pode atingir aspectos físicos, causar o adoecimento da pessoa alvo e até mesmo a sua morte, em casos extremos.

A obsessão pode ter várias conotações. Pode ser uma obsessão sexual, o desejo de possuir o corpo de outra pessoa que, em muitos casos, termina em violência sexual ou estupros; obsessão emocional é a vontade de dominar emocionalmente outra pessoa, criando uma dependência física, financeira e emocional em quem sofre a obsessão; obsessão por vingança é o desejo de se vingar de outra pessoa por fatos e atitudes ocorridas no passado, como traição, roubo ou mesmo assassinatos; obsessão por inveja é quando a luz de uma pessoa cega outras que não conseguem brilhar da mesma forma e tentam acabar com aquela luz que os lembra da sua infelicidade.

A obsessão de uma pessoa sobre outra não é apenas espiritual, ou seja, de uma pessoa no plano espiritual por outra pessoa no plano físico. Vamos ver, a seguir, os principais tipos de obsessão.

Importante: Para sermos didáticos, vamos chamar de "morto" a pessoa que está no plano espiritual e de "vivo" uma pessoa que está no plano físico, lembrando que não existem mortos, na prática, pois as pessoas no plano espiritual estão muito vivas, apenas vivendo em outros planos da existência.

Obsessão de um morto para um vivo

Tipo mais famoso e imortalizado pelo cinema, em filmes como *O Exorcista* ou *O Sexto Sentido*. Este tipo de obsessão ocorre quando uma pessoa faz a passagem do plano físico para o plano espiritual, mas continua ligado emocionalmente às pessoas que a permaneceram no plano físico.

Pode ser ocasionada por assuntos mal resolvidos, sentimento de posse, traições, roubos e até mesmo assassinatos. A pessoa morta não possui mais o corpo físico, nem o etérico, mas ainda está muito ativa, mais do que quando estava viva e utiliza os corpos astral e mental inferior. Logo, uma pessoa morta continua a emanar emoções, desejos e pensamentos para os vivos, tampo positivos como negativos.

Emanações positivas dos mortos para os vivos causam bem-estar, alegria e esperança. Emanações negativas causam depressão, tristeza, doenças e até mesmo intenção suicida. Muitas vezes, sem motivo aparente, uma pessoa saudável começa e sentir-se mal, com dor de cabeça ou outro sintoma psicossomático.

Obsessões de mortos para vivos também pode acontecer quando frequentamos lugares de baixa energia, como casas noturnas, baladas, bares, casas de prostituição ou mesmo no trabalho, quando o ambiente não é saudável. Esses ambientes são frequentados tanto por vivos como por mortos que sentem afinidade com a energia do lugar, em função do seu desenvolvimento espiritual. Eles ficam no ambiente na tentativa de absorver a energia das pessoas vivas que frequentam esses lugares e sentem prazer quando absorvem a energia sexual ou o fluído dos cigarros, das bebidas ou drogas que são consumidos no local.

Obsessão de um morto para outro morto

Este tipo de obsessão é bastante comum pelos mesmos motivos do tipo anterior. Pessoas mortas convivem com outras pessoas mortas e os desejos, paixões e sentimos de inveja, vingança continuam "vivos" entre eles.

No plano espiritual, a força dos sentimentos e pensamentos cria um impacto maior do que no plano físico. É possível criar uma "forma pensamento" a partir de um pensamento emanado e das emoções associadas a ele.

Em muitos casos de obsessão entre mortos, aquele que possui maior poder psíquico consegue subjugar os outros, podendo ser criada uma situação análoga à escravidão, onde alguns ou muitos mortos são escravizados e atendem aos desejos e comandos do obsessor.

Obsessão de um vivo para um morto

Muitas pessoas desconhecem a existência de obsessão emanada pelos vivos para com os mortos, mas essa situação ocorre quando as pessoas que continuam vivas ficam emanando sentimentos de saudade e posse para aqueles que foram para o plano espiritual.

O extremo apego de pessoas que perderam entes queridos impacta a continuidade da jornada que não estão entre nós. Esses sentimentos de angústia e desespero podem imobilizar os mortos, impedindo que continuem sua jornada.

Obsessão de vivo para vivo

Outro tipo muito comum de obsessão ocorre quando pessoas vivas obsediam umas as outras. Maridos, mulheres, namorados, pais e filhos, podem criar relações de dependência, e mesmo violência, impedindo que a parte obsediada continue sua vida de forma saudável e livre.

Esta situação é muito comum entre maridos ou namorados e suas esposas ou namoradas, onde a obsessão pode criar situações de violência física, sexual, financeira ou emocional e é um problema social grave no planeta.

Os pais devem também tomar cuidado para não criarem um ambiente de controle físico, financeiro e emocional com seus filhos. Não se deve confundir uma boa educação com um sistema egoísta de comando e controle. Filhos precisam de autonomia e liberdade para se transformarem em adultos saudáveis.

Auto-obsessão

Este tipo de obsessão é pouco conhecido, mas muito comum também. A auto-obsessão ocorre quando criamos uma relação narcisista conosco mesmos. Ficamos obcecados com nossa aparência ou nossa imagem, criando comportamentos de extremo individualismo e dependência de uma aparência, muitas vezes irreal.

Podemos nos preocupar tanto com nosso corpo que paramos de comer ou usamos drogas para conseguir um efeito rápido e de impacto em nossa aparência. A preocupação com a imagem pode fazer com que gastemos mais do que podemos e, assim, nos endividamos, criando um ambiente de ostentação e consumismo sem controle.

Como vencer uma obsessão

A forma mais eficaz de vencer uma obsessão é nos mantermos equilibrados física, emocional, mental e espiritualmente. E isso passa por um processo de autoconhecimento e pela adoção de comportamentos e práticas saudáveis.

Atividades físicas e uma alimentação saudável ajudam a mantermos nosso corpo equilibrado. Manter limpo o ambiente da casa ou do trabalho também é uma ação importante para o equilíbrio físico. O equilíbrio mental e emocional pode ser ajudado com práticas de relaxamento e meditação, onde a respiração é um fator essencial ao equilíbrio buscado.

O equilíbrio espiritual passa por frequentarmos bons lugares, termos grupos de amigos e de estudos, onde discutimos assuntos edificantes e por colocarmos o foco da nossa preocupação não apenas em nós mesmos, mas também nos outros, nos colocando a serviço deles.

Grupos espirituais fazem trabalhos de desobsessão dos mortos pelos os vivos, com a ajuda de outros mortos, os espíritos do "bem". Essas práticas podem dar apoio àqueles que estão sendo obsidiados, mas uma solução permanente exige uma reforma íntima e mudança de atitude de quem sobre obsessão.

No tópico sobre cura espiritual vamos falar um pouco sobre algumas práticas que podem ser muito úteis ao nosso equilíbrio pleno.

Cura Espiritual

O Mundo do Céu define como cura espiritual o uso de técnicas e terapias chamadas "alternativas", isto é, que não fazem parte do receituário padrão da medicina ortodoxa.

A cura espiritual leva em consideração a existência dos diversos corpos dos seres humanos, logo, transcende à visão limitada que nos reserva apenas o corpo físico, como sendo a única causa e o único efeito.

A doença é um desequilíbrio sistêmico que pode ter como causa nossos pensamentos, sentimentos e práticas inadequadas que afetam o corpo físico, como o resultado de um sistema que não funciona bem.

A cura espiritual leva em consideração que o processo terapêutico pode ter a ajuda de médicos e curadores que não estão mais no plano físico, habitando nos outros diversos planos possíveis, onde a necessidade de cura também existe, apesar do processo ser diferente ao do plano físico, em razão de existir um contexto diferente do nosso.

Como ser um curador espiritual

A primeira condição para se tornar um curador é que tenhamos cuidado conosco mesmos, pois iremos utilizar nossa própria energia. É preciso manter nosso corpo saudável por meio de boas práticas, como uma boa alimentação, por exemplo.

Ter boas noites de sono, encontrar espaço para o lazer e práticas como a meditação podem ajudar no equilíbrio emocional e espiritual do curador espiritual. O foco em bons pensamentos e a preocupação em doar tempo e energia para outras pessoas sem esperar nenhum tipo de retribuição também fazem parte da agenda do curador.

Caso o curador espiritual tenha um espaço para o atendimento, alguns cuidados são necessários. O local do trabalho deve ser cuidadosamente preparado, com a existência de uma sala limpa e bem arejada. Podem ser utilizadas ervas para serem queimadas no ambiente.

Os curadores que não seguirem estas simples regras poderão adoecer e não conseguir seguir seu caminho da cura. O curador espiritual deve ter a consciência de que o processo de cura envolve aspectos físicos, emocionais, psíquicos e espirituais.

Principais técnicas e instrumentos de cura espiritual

Cura com as mãos

O corpo etérico é um ente energético, que capta a energia vital do Universo, o éter ou prana, e o envia aos outros corpos por meio dos chacras. Podemos utilizar nosso corpo etérico para curar a nós mesmos ou as outras pessoas com o uso da energia que emana das nossas mãos.

A técnica de cura com as mãos é bastante difundida em todo o mundo. Ela pode possuir diversos nomes, como passes, Johrei, Reiki, entre outros. Guardando os procedimentos específicos de algumas dessas técnicas, a cura pelas mãos deve seguir o seguinte processo:

- O curador deve ter feito os procedimentos de praxe, como a higiene pessoal e a limpeza do ambiente. Então, deverá deixar o paciente em uma situação de conforto, podendo ser numa cadeira, maca ou até mesmo em pé, em pequenos momentos.
- Em seguida, o curador deverá mentalizar a energia de cura do universo, podendo fazer uma mentalização, oração ou qualquer outra técnica que facilite seu trabalho. O sentimento de doação e de serviço deverá dominar a psique do curador.
- Então o curador deverá imaginar um grande tubo de luz que vem do céu e que o envolve totalmente. A seguir, ele estenderá as mãos na direção do enfermo e

sentirá a energia de cura que veio do céu ser transmitida por suas mãos à pessoa enferma. Ele poderá percorrer com suas mãos o corpo do paciente, mantendo sempre uma distância em relação ao corpo físico de quem está em tratamento.

O processo deverá ser repetido em dias alternados até que os sintomas da enfermidade desapareçam por inteiro.

Florais

A terapia floral é realizada com compostos extraídos de flores e buscam tratar as emoções do paciente. Os florais mais conhecidos são os florais de Bach, criados pelo médico britânico Edward Bach, no início do século 20.

Segundo Bach, para se recuperar de uma doença, é preciso ter uma mente sã. Seus florais ajudam a restabelecer o equilíbrio da pessoa e superar emoções negativas. Para ele, a doença é o resultado do conflito entre nosso ser espiritual e nosso ser moral. Ao atingirmos o equilíbrio, conseguimos acessar o contato com nossos corpos superiores, que formam nossa Essência ou Eu Superior.

Bach descobriu 38 florais, um para cada estado mental e emocional específico, além da combinação de 5 florais designados em situações de maior dificuldade, os quais chamou de *Rescue*.

Veja alguns florais de Bach muito utilizados e as suas aplicações:

- Agrimony – Preocupação em esconder pensamentos perturbadores e inquietação.
- Aspen – Temores inexplicáveis, vagos e maus pressentimentos.
- Cerato – Falta de confiança nas próprias opiniões.
- Chicory – Atitude dominadora, invasiva e crítica.
- Clematis – Sonhar acordado e viver em devaneio.
- Elm – Sensação de não estar à altura das suas responsabilidades.
- Gentian – Ceticismo, pessimismo e desânimo.
- Heather – Egocentrismo e necessidade de palco.
- Holly – Ciúmes, desconfianças, ódio e inveja em todos os planos.
- Honeysuckle – Saudades do passado, com lamento por coisas passadas.
- Impatiens – Impaciência e irritação exageradas.
- Mustard – Profunda tristeza sem motivo aparente.
- Oak – Sentimento de abatimento e esgotamento pelas lutas diárias.
- Olive – Esgotamento total, extremo cansaço físico e mental.
- Seleranthus – Indecisão e postura volúvel com mudança de humor constante.
- Vervain – Exagero na dedicação a uma boa causa, fanatismo.
- Vine – Dominação, egoísmo e sede de poder.
- Wild Oat – Ambições vagas e descontentamento, por não encontrar objetivos.
- Willow – Ressentimento interior, amargura.
- Rescue Remedy – Uma mistura de florais para enfrentar acontecimentos chocantes.

Cromoterapia

A cromoterapia é uma terapia alternativa que utiliza as cores. A técnica é realizada pela influência e vibração das cores na pessoa e em sua vida. Quando constatada falta de energia ou desequilíbrio, a cromoterapia ajuda a recuperar ou ativar o campo energético.

No dia a dia, podemos utilizar a técnica pelas cores das roupas, mentalização das cores, água "solarizada", que é a exposição da água coberta por papel celofane colorido ou dentro de garrafas coloridas ao sol, ou ainda por sessões terapêuticas realizadas por cromoterapeutas.

O papel das cores

Vermelho (chacra básico): altamente revigorante, energética e excitante. Nos dá confiança, coragem e força de vontade, superando a depressão e o cansaço. Indicada contra a anemia, má circulação, reumatismo, bronquite e depressão.

Laranja (chacra umbilical): estimula o sistema respiratório, a vontade sexual e o otimismo. Amplia nossa mente e nos torna receptivos a novas ideias. Indicada contra problemas nos rins, artrites, obesidade e problemas respiratórios.

Amarelo (chacra do plexo solar): vitaliza as funções cerebrais, estimulando o raciocínio e a memória. Vitaliza o coração, o sistema circulatório e o sistema imunológico. Indicado contra depressão, indigestão, problemas intestinais, do fígado e diabetes.

Verde (chacra cardíaco): traz equilíbrio, paz e harmonia. Estimula a vontade de renovação e o sistema digestivo, sendo uma cor para a cura de forma geral. Indicada contra pressão alta, febre, insônia, câncer e problemas emocionais.

Azul claro (chacra laríngeo): traz suavidade e calma, tendo propriedades antissépticas. Vitaliza a glândula tireoide, a garganta e o sistema respiratório. Indicada contra problemas na garganta, febres, inflamações, dores de cabeça e insônia.

Azul índigo (chacra frontal): é anestésica, anti-hemorrágica e cicatrizante. Traz calma e equilíbrio mental, estimulando a intuição. Indicada contra todas as dores, problemas nos olhos, ouvidos e nariz.

Violeta (chacra coronário): acalma e tranquiliza o coração, além de facilitar a conexão com a espiritualidade. É a cor da transmutação das energias e pode ser usada quando existir a necessidade de transformar uma situação nociva ou estagnante.

Musicoterapia

A música pulsa e altera nossa energia. Ela vibra pelos sons e timbres que podem acalmar ou nos acelerar, dependendo da intensidade e altura de suas vibrações. Ela nos proporciona grande capacidade de recordar. Pode ser restauradora emocional para alguém em desarmonia. O som é vida.

Músicas com melodia acelerada e instrumentos de percussão, como o samba, trazem a conexão com a energia telúrica e uma extrema sensação de euforia e bem-estar. Ouvir e dançar músicas como o samba podem ser uma excelente terapia contra o desânimo e a tristeza.

Músicas com melodia suave, como a música clássica ou *New Age* são excelentes para momentos de concentração, meditação e reflexão. São ótimas opções para situações que exigem interiorização e contato com os planos sutis. Orar e meditar são situações em que as músicas clássicas pode ser excelentes instrumentos para nos conectar à espiritualidade.

O som do silêncio também tem excelente efeito terapêutico para momentos de interiorização, podendo ser adicionado o som da água corrente, pássaros, vento, fogo. O uso da música para combater o estresse, a fadiga e o cansaço pode ser um ótimo caminho terapêutico.

Aromaterapia

Se os sons podem atuar na cura espiritual, o mesmo pode ser dito sobre os aromas. Óleos aromáticos podem trazer a calma e o relaxamento para nossas vidas. Eles podem ser usados em massagens e banhos de imersão.

Cada aroma tem um efeito no campo físico e energético. A camomila, erva cidreira, hortelã, alfazema e rosa branca têm efeitos relaxantes e calmantes. Outros aromas trazem energia e serenidade, como o almíscar e o sândalo. O alecrim, guiné e arruda atuam no campo energético com a função de limpeza.

A aromaterapia pode ser cosmética com o uso de óleos essenciais e produtos para a pele, corpo, rosto e cabelo. Também é possível aliar os aromas à massagem, com o uso de óleos vegetais e o toque da mão. A aromaterapia medicinal também usa óleos essenciais para massagear pacientes durante as cirurgias e no tratamento de doenças diagnosticadas. O simples uso da aromaterapia para inalação traz bem-estar, calma e relaxamento.

Fitoterapia

As plantas são ricas em nutrientes e propriedades altamente terapêuticas. Fitoterapia é um instrumento de cura com o uso do poder curativo das plantas. Técnica muito antiga, usada pela humanidade há milênios, na forma de chás, emplastos, ou simplesmente pela sua ingestão.

Veja o poder de algumas plantas muito utilizadas terapeuticamente.

Alecrim: Utilizado para atuar sobre os medos e os aspectos negativos internalizados em nossa psiquê. Estimula o desejo de conhecer novas coisas e novos relacionamentos. Também é um excelente tempero para diversos pratos da culinária.

Camomila: Atua como calmante e contra o estresse. Muito utilizado na forma de chás, tanto para adultos como para crianças, a fim de acalmá-las, aliviar dores abdominais e até mesmo a síndrome do pânico.

Capim-cidreira: Também conhecido como capim-limão ou capim-santo, é ótimo para uma boa noite de sono. Combate a ansiedade, a hiperatividade e o estresse emocional. Traz o otimismo e combate as mágoas, estimulando o perdão.

Melissa: Também chamada de erva-cidreira, a melissa alivia a ansiedade, trata herpes, combate problemas gastrointestinais, melhora a função cognitiva. A melissa é muito boa para a digestão e reduz as cólicas menstruais.

Arnica: É rica em flavonoides e compostos fenólicos que possuem propriedades anti-inflamatórias, analgésicas, antimicrobianas, antioxidantes e anticoagulantes. Pode ser usada na forma de emplasto ou pomada para contusões ou dores reumáticas.

Hortelã: É uma planta medicinal e aromática para problemas digestivos, enjoo, vômitos, além de ter efeitos calmantes e expectorantes. Diminui os gases intestinais pelas suas propriedades antiespasmódicas, diminuindo os movimentos do intestino.

Ginkgo biloba: Planta rica em flavonoides e terpenoides. Possui efetiva ação anti-inflamatória e antioxidante. O extrato das duas folhas reduz tonturas, ajuda a memória e alivia dores nas pernas e nos braços.

Babosa: Planta com propriedades que estimulam a produção de colágeno e, assim, ajudam a manter a elasticidade da pele. Diminui a incidência de rugas e marcas de expressão nos olhos, testa e boca. Também tem atuação revigorante nos cabelos.

Gengibre: Tem ação antioxidante e previne doenças respiratórias, como gripes, resfriados e até mesmo o envelhecimento precoce. Possui ação anti-inflamatória e atua contra a artrite, dores musculares e protege o estômago contra úlceras.

Bons pensamentos, bons sentimentos

Talvez o mais eficaz instrumento de cura espiritual sejam os bons pensamentos e sentimentos. Eles estão ligados às nossas crenças, que criam nossos valores, atitudes, comportamentos, pensamentos e sentimentos.

Crenças limitantes, de escassez, fazem com que tenhamos pensamentos de ganância ou avareza e isso gera sentimentos de ansiedade, tristeza e solidão. Os pensamentos e sentimentos que são criados por nossas crenças afetam nosso corpo astral e mental, que irão influenciar no fluxo energético do corpo etérico, podendo atingir positiva ou negativamente nosso corpo físico. Se o efeito for negativo, teremos um terreno fértil para as doenças.

Alguns exemplos de crenças limitantes dos 9 tipos de personalidade presentes no Eneagrama:

Tipo 1: "tenho que ser perfeito". Isto gera ansiedade e um perfeccionismo obsessivo. Nos tornamos pessoas críticas, autoritárias e conseguimos enxergar apenas os erros e não os acertos.

Tipo 2: "não posso ter necessidades pessoais". Isto faz com que não saibamos pensar em nós mesmos e com que não consigamos dizer "não", fazendo com que sejamos manipulados.

Tipo 3: "preciso ter sucesso". Esta crença causa uma pressão enorme para que sejamos bem-sucedidos, conquistemos coisas, busquemos status e relações muitas vezes superficiais.

Tipo 4: "não tenho valor". Esta afirmação derruba nossa autoestima e gera o sentimento de que as outras pessoas são melhores do que nós. Isto pode fazer com que desistamos de conquistar as coisas importantes para nós.

Tipo 5: "a vida é cheia de escassez". Esta crença provoca a falta de abundância e prosperidade em nossas vidas e, assim, nos tornamos pessoas fechadas para as oportunidades, pois temos medo das coisas faltarem em nosso caminho.

Tipo 6: "a vida é insegura e perigosa". Esta afirmação causa um extremo medo do futuro e de que tomarmos decisões. A insegurança causa dependência de termos um caminho totalmente previsível e sem aventura.

Tipo 7: "nosso mundo interior é inatingível". Isto nos dirige para a vida exterior, para as distrações e pode levar ao consumismo, a fim de que tentemos preencher o vazio interior e a busca por nós mesmos.

Tipo 8: "preciso ser forte e não confiar nos outros". Esta crença nos enrijece e nos torna pessoas sempre armadas, contra o perigo de sermos traídos e invadidos, enquanto os relacionamentos exigem confiança.

Tipo 9: "os conflitos devem ser evitados". A vida é cheia de conflitos e eles não devem ser evitados, e sim encarados de frente. Uma atitude de benevolência desmedida não vai resolver os problemas, mas escondê-los.

As sugestões de técnicas e instrumentos de cura espiritual trazidos aqui pelo Mundo do Céu são apenas algumas possibilidades. O importante é buscarmos a diversidade de caminhos terapêuticos, que muitas vezes irão trazer novos conhecimentos e possibilidades em nossas vidas.

O Mundo da Terra

O Mundo da Terra tratará apenas da saúde do nosso corpo físico, porque é o único que ele atualmente reconhece. Mas não pense que isso é pouco, pois se todos cuidassem dos seus corpos físicos, as práticas ligadas aos alimentos, sedentarismo e outros, mudariam completamente para a melhor, e o planeta também. Os impactos seriam incríveis, teríamos um mundo menos consumista, com menos agressões ambientais, sobrariam recursos para as populações pobres do mundo e até mesmo a vibração espiritual do planeta mudaria para melhor. Logo, vamos cuidar do corpo físico!

Alimentação Saudável

O Mundo da Terra nos fala há muitos anos sobre a importância de uma alimentação saudável para nossa saúde. Não é possível pensar em uma vida equilibrada sem passarmos pela importância de uma boa dieta alimentar.

O alimento físico e a água são os maiores responsável pela manutenção e saúde, tanto do corpo físico, quanto do corpo etérico. Comida é vida! Mas comida de má qualidade contribui para o colapso dos corpos físicos e etéricos e, até mesmo, para o fim da sua existência.

A ideia de termos um projeto de vida, deixarmos um legado ou elaborarmos uma obra-prima, passa pelo alimento que ingerimos. As doenças podem ter causa nas emoções destrutivas, ligadas ao corpo astral, ou em pensamentos grosseiros, ligados ao corpo mental. Contudo, uma boa alimentação nos fornece energia para vencermos tendências ruins e pode transformar-se num escudo contra sentimentos e ideias destrutivas que possamos ter.

Dieta vegetariana, um caminho para uma vida saudável

A palavra vegetariano vem do latim, "vegetus", e significa vigoroso, dar vida, animar. Isto significa que, diferentemente do que muitas pessoas pensam, uma pessoa vegetariana possui mais energia do que uma pessoa que come carne, pois seus alimentos possuem uma energia mais sutil e própria à alimentação humana.

Sei que os defensores da carne vão argumentar sobre a importância da proteína animal. Realmente o assunto é polêmico. Existem estudos científicos que defendem e outros que condenam o consumo de carne. A ideia aqui não é combater o consumo de carne e seus derivados, e sim mostrar os benefícios de uma dieta mais leve e que faz bem para o homem e seus corpos em função da maior sutileza e facilidade de absorção de nutrientes.

Uma dieta vegetariana equilibrada

Inicialmente, veja os benefícios de uma dieta vegetariana apresentados em estudos da Associação Dietética Norte-Americana e pela Associação de Nutricionistas do Canadá em 2003. Segundo estes estudos, os vegetarianos possuem 30% menos chance de morte por infarto, possuem também níveis de colesterol cerca de 14% mais baixos e uma redução de até 50% de risco de apresentar diverticulite, uma doença que atinge o intestino grosso pela agressão que alimentos sem fibra (principalmente carne) causam em suas paredes.

Veja a seguir uma boa opção de dieta vegetariana.

Uma alimentação vegetariana equilibrada e que possui todos os nutrientes que o corpo necessita, deve seguir a seguinte composição:

Primeiro grupo: Grãos

O prato do vegetariano deve ser composto por um quarto de grãos, como arroz, aveia, centeio, cevada, milho, quinoa e trigo. Deve-se dar preferência aos grãos integrais, pois são ricos em fibras importantes para uma boa digestão, pois, entre outras propriedades, aumentam a saciedade sem aumentar o valor calórico da alimentação. Além disso, os grãos integrais possuem preservados ferro, zinco e diversas vitaminas do complexo B.

Segundo grupo: alimentos ricos em proteína

A primeira coisa a se desmistificar é que a alimentação vegetariana é deficiente em proteínas. Alguns alimentos vegetarianos são tão ou mais ricos em proteínas do que a carne e o leite. Os principais alimentos desse grupo são os feijões (leguminosas), como o azuki, branco, carioca, ervilha seca, fava, lentilha etc.; alimentos derivados da soja também são ricos em proteína, como tofu e leite de soja; oleaginosas, como amêndoa, amendoim, avelã, castanha-de-caju também são altamente proteicas, além das sementes como abóbora, girassol, linhaça etc. O prato do vegetariano deve ter cerca de um quarto de alimentos ricos em proteína.

Terceiro grupo: hortaliças

As verduras e legumes são pouco calóricos e podem compor metade do prato vegetariano. Dê preferência primeiramente aos vegetais de folhas verde-escuros e, depois, aos de cor alaranjada, para otimizar a ingestão de ferro, cálcio e vitamina A. Os principais alimentos deste grupo são as verduras, como acelga, agrião, alface, brócolis, brotos, espinafre etc.; os legumes, como abóbora, berinjela, cenoura, chuchu, pimentão, cogumelos (que não são vegetais, mas se aproximam deles nutricionalmente); os alimentos provenientes do amido, como batata- baroa, batata-inglesa, inhame, mandioca e yakon que também podem compor o grupo, mas devem ser ingeridos em menor quantidade por serem muito calóricos.

Quarto grupo: frutas

As frutas podem ser ingeridas juntamente com o prato principal ou como sobremesa. Ricas em vitaminas e fibras, podem ser consumidas frescas, desidratadas e em sucos. Algumas frutas altamente nutritivas são o abacate, abacaxi, ameixa, banana, caju, melancia, figo, uvas etc. É possível comer frutas secas também como a banana, caqui, damasco, figo, pêssego, tâmara etc.

Quinto grupo: óleos

Óleos e gorduras de boa qualidade, que compõem o chamado "bom colesterol", são importantes no nosso organismo para o fornecimento de energia, ácidos graxos ômega-3 e ômega-6.

Segundo a literatura médica, apenas a vitamina B-12 não está presente no reino vegetal, e sua ingestão deve ser obtida por meio de suplementação alimentar.

Veganismo, outro estágio do vegetarianismo

Alimentação vegana é aquela que exclui todos os itens de origem animal, inclusive ovos, leite e seus derivados. Muitas pessoas consideram a opção vegana muito radical, mas existem diversas razões para o ser humano abandonar definitivamente o uso de alimentos de origem animal. Veja a seguir algumas delas.

A primeira razão é ética. A indústria da carne e do leite promovem um abate em massa de animais, além de promoverem um tratamento bastante cruel a todos eles, que ficam, em muitos casos, confinados em gaiolas ou pequenos espaços, sem poderem nem mesmo se mexer. Se pensarmos que os animais possuem seu corpo astral bastante desenvolvido, isto é, possuem emoções e sentimentos da mesma forma que um ser humano, o abate é um processo de dor e muito sofrimento para um animal, da mesma forma que seria para um ser humano.

"Especismo" é o comportamento humano de não tolerar violência contra al-

guns animais, principalmente cães e gatos, mas não se preocupar com a violência contra outros animais, como bois, vacas, porcos e galinhas. O sofrimento é igual a todos, mas, por uma questão de conveniência, alguns são poupados enquanto outros, esquecidos.

A segunda razão é ambiental. Para criar o gado, principalmente, é necessário derrubar florestas nativas para mantê-lo e também para produzir soja e demais grãos para alimentá-lo. Além disso, o rebanho emite gases altamente nocivos ao meio ambiente, como o metano, sendo o Brasil um dos principais emissores deste gás de efeito estufa, em razão do tamanho do seu rebanho. A quantidade de água necessária para produzir carne, leite e derivados é muito maior do que a utilizada para produzir hortaliças. Se todas as pessoas consumissem carne no padrão ocidental, principalmente o norte-americano, não haveria recursos naturais suficientes no planeta.

A terceira razão é a nossa saúde. Igualmente à alimentação vegetariana, a dieta vegana é muito saudável, ainda mais por se tratar de uma dieta livre de leite e seus derivados. Existem muitas pessoas com alergia à proteína do leite e à lactose. Especialistas afirmam que o leite animal não é feito para a alimentação humana e seus efeitos podem ser negativos, apesar do volume de itens disponibilizados à alimentação humana pela indústria de laticínios.

A quarta razão é espiritual. O Mundo do Céu nos fala do homem e seus corpos. Os animais também possuem corpo físico, etérico, astral (responsável pelas emoções e sentimentos) e os outros corpos ainda em estágio embrionário. O homem possui o corpo mental desenvolvido, motivo pelo qual pode raciocinar e criar obras complexas. O excesso de extermínio de animais cria um ambiente energético de sofrimento pelo planeta, pois a dor e desespero que eles sentem ao serem abatidos é equivalente à dor dos seres humanos. O efeito energético e espiritual para o planeta é bastante nocivo e dificulta a evolução espiritual do planeta.

Equilíbrio na hora de fazer o prato e se alimentar

A lista de alimentos saudáveis é bastante diversificada, como as hortaliças, grãos, oleaginosas, tubérculos, entre outros. Além de escolher os melhores alimentos, é importante que a refeição seja feita com equilíbrio e principalmente com foco. A hora da refeição deve ser respeitada, prestando atenção ao alimento.

É importante prestar atenção à comida, sentir prazer, ter consciência de que o alimento está entrando no nosso corpo para sustentá-lo e dar-lhe energia, mastigar com atenção. Prefira alimentos orgânicos e frescos, evite processados e higienize-os com cuidado. O momento da refeição deve ser especial, evitando qualquer atitude de agressividade e mantendo-se um clima de paz e prazer.

E a água?

O consumo diário de água compõe a lista de alimentação saudável, pois ela irá hidratar nosso corpo, melhorar o funcionamento dos órgãos, especialmente os intestinos e ajudará no processo de saciedade, reduzindo a quantidade de alimentos que ingerimos. Especialistas falam num consumo diário de cerca de 2 litros de água.

Atividades Físicas

A atividade física é uma grande aliada para nossa saúde física e mental. Em relação à saúde física, pode prevenir doenças crônicas como hipertensão e diabetes. Já para a saúde mental, auxilia no tratamento da depressão, ansiedade, stress, melhorando a autoestima, socialização, qualidade do sono e bem-estar.

De acordo com a Organização Mundial de Saúde, devemos praticar cerca de 150 minutos semanais de atividade física leve ou moderada, o que corresponde a um pouco mais de 20 minutos diários de atividades leves e 75 minutos semanais de atividade física de maior intensidade, o que corresponde a pouco mais de 10 minutos por dia.

A atividade física proporciona melhor oxigenação no cérebro, resultando no melhor desempenho da memória, da capacidade intelectual, além da liberação de endorfina – hormônio que transmite a sensação de prazer –, diminuindo a ansiedade e ativando a serotonina, que é responsável por combater a depressão.

Podemos observar que na natureza tudo é movimento: as águas, o ar, os astros, os planetas, inclusive a terra que habitamos. A ociosidade é a mãe dos vícios. Devemos nos movimentar e produzir sempre.

Para começarmos a nos mexer, precisamos, primeiramente, encontrar um local adequado, de preferência perto de nossa casa. Devemos começar com uma atividade que não exija muito preparo físico e aumentar o impacto de forma gradativa. Podemos fazer atividades físicas coletivas, e, dessa forma, aumentar o prazer que ela nos proporciona.

Exemplos de excelentes atividades físicas

Caminhada

Caminhada ao ar livre é uma das melhores atividades físicas e pode ser feita em qualquer lugar. É uma prática que ajuda a emagrecer, melhora a circulação sanguínea, prevenindo assim muitas doenças. Pode ser feita por pessoas de qualquer idade, pois é uma atividade de baixo impacto, com pouca probabilidade de causar lesões. Caminhar 3 ou 4 vezes por semana, durante cerca de 20 a 30 minutos, é suficiente para trazer bons resultados à saúde.

Treinamento funcional

O treinamento funcional é uma atividade física que ganha mais adeptos a cada dia. A ideia da prática é montar uma série de exercícios baseados nos movimentos naturais do corpo, como pular, agachar, correr, entre outros. O objetivo é começar com exercícios simples e aos poucos aumentar a complexidade, mas sem causar grande impacto ao corpo e risco de lesões.

Musculação

A musculação é uma atividade física bastante completa. Ela melhora o condicionamento cardiorrespiratório, elimina gordura, reduz o risco de diabetes, aumenta a massa muscular, trazendo mais autonomia para as pessoas, inclusive idosos e garantindo também maior disposição física e emocional, o que é ótimo para combater a baixa autoestima e a depressão.

Pedalar

Pedalar é uma excelente opção para quem não quer praticar musculação ou corrida e possui baixo impacto também, principalmente para as articulações. A capacidade do corpo em queimar gordura pedalando é muito grande, além do prazer proporcionado ao pedalarmos ao ar livre ou com alguém que gostamos. Grupos de ciclistas têm surgido em todos os locais, conferindo um caráter cada vez mais social à prática de pedalar.

Natação

A natação é considerada uma das atividades físicas mais completas que existem, pois exercita todo o corpo e traz muitos benefícios à mente e ao coração, física e emocionalmente. É uma atividade de baixo impacto, e não traz riscos às articulações. Ao praticarmos os diversos estilos da natação, estaremos trabalhando a criatividade e a coordenação motora, além da capacidade respiratória.

Alongamento

O alongamento é uma atividade muitas vezes tida como complementar às outras. Ela trabalha agilidade, elasticidade, postura corporal e aumenta a amplitude do movimento muscular. Especialistas sugerem que o alongamento seja feito antes e depois de outras atividades físicas, como caminhada e musculação.

Yoga

Yoga é uma prática que trabalha o corpo e a mente de forma integrada, estimulando a coordenação motora, o equilíbrio e a elasticidade, além de combater o stress e a depressão. Pode ser praticada por pessoas de todas as idades, contudo existem algumas escolas que estimulam exercícios com maior grau de complexidade. A yoga é excelente se praticada conjuntamente com alguma atividade aeróbica para perda de peso e enrijecimento muscular, como natação, caminhada ou musculação.

Driblando as drogas

As drogas são utilizadas há milênios, na tentativa de tornar nossa jornada mais suave e prazerosa. Elas podem nos dar mais ânimo para fazer atividades, aceleraro cérebro e permitir que fiquemos muito tempo acordados e produtivos. Podem também nos relaxar e dar uma sensação de êxtase, até mesmo com alucinações ou acesso a outras dimensões da realidade, como aquelas que prometem colocar-nos em contato com os níveis de consciência elevados e com planos e entidades espirituais.

Se entendermos nossa jornada como um processo de aprendizagem, superação de barreiras e experimentação, as drogas podem possuir o seu lugar de importância. A questão é saber o quanto elas terão papel simplesmente de alívio ou o quanto nos deixarão presos numa situação de inércia e letargia.

Uma jornada rumo ao crescimento exige muita clareza em nossas escolhas e um processo de equilíbrio e integração bastante profundos, envolvendo as dimensões física, emocional, mental e espiritual. Ao verificarmos os relatos de jovens e adultos usuários de drogas, parece-nos que o resultado é o oposto, pois elas nos deixam anestesiados e com nosso sistema em desequilíbrio.

Por outro lado, não pretendemos ter um discurso "careta" ou moralista neste tópico. Queremos apenas destacar os principais agentes que atuam como drogas em nosso organismo e fazer uma reflexão sobre seus impactos em nossa jornada.

Vamos ver um pouco de cada uma das drogas mais comuns, principalmente entre os jovens.

Álcool

Uma das drogas mais comuns entre jovens e adultos. Um grande problema é o fato de ser uma droga socialmente aceita entre as pessoas. Quando vemos alguém bebendo dúzias de latinhas de certeza numa noite, ou vários drinks com maior teor de álcool, não ficamos chocados ou preocupados e até achamos justo e normal, porque é preciso relaxar, não é mesmo? Mas quando esse comportamento se torna um hábito, é possível perceber que o álcool não é algo tão inofensivo como parece.

As baladas são sempre acompanhadas pelo consumo de muito álcool, os bloquinhos de carnaval são fartamente supridos por estoques intermináveis de cerveja e outras bebidas mais fortes, para a satisfação, principalmente das cervejarias. Álcool é associado à confraternização e alegria, por isso é tão difícil ter uma atitude crítica em relação a ele.

Maconha

É uma droga "semi"-social, pois seu uso é bastante tolerado nos meios sociais, apesar de não ser uma droga liberada pela lei no Brasil. A maconha é um relaxante muito poderoso, tanto que seus princípios ativos são utilizados como medicamentos para diversas enfermidades. Mas seus efeitos em nosso organismo com o uso constante podem ser devastadores. Especialistas afirmam que a maconha tem o poder de destruir gradativamente nossa organização mental, criando lapsos de memória e afetando a capacidade de reagirmos perante às situações cotidianas.

O organismo dos jovens está em constante transformação e os efeitos da maconha nesse grupo podem ser mais graves ainda, pois, ao levar o usuário à depressão, estimula a busca de outros caminhos de alívio, como, por exemplo, as chamadas drogas "pesadas" e com capacidade de ação e destruição do corpo e da mente, ainda mais superiores.

Cocaína

Agora estamos falando de outro nível de drogas, aquelas manipuladas em laboratório e misturadas a outras substâncias a fim de potencializar seu efeito nos usuários. A cocaína, considerada uma droga semissintética, possui a capacidade de gerar um efeito efêmero mais poderoso de euforia em seus usuários. A sensação de bem-estar ou "barato" é seu principal fator de atração entre seus diversos públicos. Ela também causa uma sensação de aumento da agilidade mental e da autoconfiança, efeitos muito buscados no mundo atual, que estimula e premia as pessoas com alto desempenho e coragem para tomar decisões.

Os efeitos danosos da cocaína podem compor uma lista extensa, mas é possível destacar o bloqueio de nutrientes às células nervosas, taquicardia, arritmias e até ataques cardíacos, principalmente quando misturados a outras drogas, como álcool e drogas sintéticas. As alucinações provocadas pela cocaína podem causar um colapso no sistema nervoso central e a nossa incapacidade de discernimento. Ela tem um grande potencial de nos afastar da nossa jornada do Eu Integral, pois seu efeito é desintegrador e não o contrário.

Drogas sintéticas

São produzidas de forma artificial, em laboratório, com o uso de diversos compostos químicos e com capacidade de efeito nos usuários muito superior às demais drogas. Existem diversas drogas nesta categoria, como as anfetaminas, LSD, GHB, ecstasy, anabolizantes, entre outras.

Mais uma vez, a busca pela euforia, aumento da autoestima e confiança fazem os jovens se tornarem grandes usuários das drogas sintéticas, que podem ser consumidas de forma muito fácil nas baladas e encontros de confraternização. Drogas como os anabolizantes ainda prometem ao jovem a construção de um corpo perfeito, num curto espaço de tempo, algo muito tentador em tempos em que o corpo sarado e belo são ícones de desejo.

E como se livrar das drogas?

Existem clínicas que prometem livrar os usuários do consumo de drogas em poucos meses, mas que na prática mostram-se pouco eficazes quando a pessoa volta ao seu círculo social. Apoio familiar certamente é algo importante no processo de sair da dependência, mas acreditamos que a ação mais efetiva seja o descobrimento da nossa jornada interior ou a jornada do Eu Integral.

Isto significa a descoberta do propósito da nossa jornada neste planeta e, consequentemente, a descoberta dos outros planos de vida que nos rodeiam. Vejam que as drogas possuem efeito sobre os sete corpos humanos, como descritos no Mundo do Céu. Tanto é assim que seu consumo pode nos colocar em contato, mesmo que de forma "tosca", com outras realidades que compõem os planos espirituais.

A descoberta dessas outras possibilidades e a consciência de que temos um papel de destaque no ecossistema terreno parecem ser a forma mais eficaz de ganharmos força para seguir em frente e evitar instrumentos de fuga e destruição da nossa constituição, como as drogas, por exemplo.

O caminho não é suave, mas ele nunca foi para ninguém, mesmo para as chamadas "almas iluminadas". Mais uma vez, a metáfora da vida terrena como um grande campo de provas, ou estágio, ou ensaio de uma peça, aparece de forma reluzente e esclarecedora. As drogas, assim como outros aspectos ligados à nossa disposição, são as apenas alguns obstáculos para testar nossa destreza, habilidade e consciência. Isso torna o caminho mais pedregoso, mas também cria excelentes possibilidades para nosso aprendizado e crescimento.

Dando "um chapéu" na depressão

Nunca se falou tanto em depressão como atualmente, principalmente em tempos de pandemia que trazem tantos desafios para todos nós, como a solidão, o desemprego, a própria doença pandêmica e até mesmo a morte.

É difícil definir o que venha a ser depressão e mesmo suas causas, mas alguns quadros surgem com muita constância, como a falta de vontade de viver, uma tristeza profunda, mesmo sem causa aparente e uma grande angústia e prostração, que tornam nossa jornada praticamente inviável.

Talvez uma forma didática de tentar entender a depressão seja com a análise do sistema dos sete corpos do homem, trazido como importante contribuição do Mundo do Céu para o Mundo da Terra. Se você não leu ainda esse tópico, corre lá no Mundo do Céu e dê uma espiada.

Pensando inicialmente no corpo físico, a depressão pode ter causas físicas, ligadas a hábitos inadequados de alimentação e à falta de atividades físicas, que são essenciais à constituição do nosso corpo físico. Logo, no plano para sairmos da depressão, é essencial avaliarmos as mudanças necessárias na forma como tratamos nosso corpo físico.

O corpo etérico, que é a cópia energética do corpo físico, também será beneficiado com a prática de atividades físicas e com uma melhor alimentação, mas é possível acrescentar uma atividade muito importante para que recarreguemos as baterias do nosso corpo energético, como o contato com a natureza. Isto é possível quando caminhamos descalços, com os pés na terra, na areia da praia ou grama do jardim.

Já o processo terapêutico para os corpos astral e mental irão exigir um processo de mudança de foco na vida. Começar a desejar a construção do nosso legado como um Propósito, fará com que tenhamos vontade de ler bons livros, fazer cursos edificantes e que convivamos com pessoas despertas e com o desejo desta mesma busca. Essa mudança de comportamento e atitude irão "espantar" as "urucubacas" que podem estar grudadas em nós. Pois somos o que pensamos e sentimos!

Os demais corpos, muito mais sutis e espirituais, atuarão positivamente no processo terapêutico quando os quatro corpos mais grosseiros estiverem em equilíbrio. O melhor sintoma de que as coisas estão fluindo bem é a sensação de alegria e euforia naturais, sem a necessidade de nenhuma droga para isso.

A busca por ajuda terapêutica

As recomendações anteriores poderão ter um bom efeito terapêutico para vencermos a depressão, mas, certamente, isso não elimina a possibilidade de buscar ajuda com algum profissional de confiança. Existem excelentes terapeutas que poderão nos ajudar, inclusive com a prescrição de medicamentos específicos para a depressão, se forem médicos.

O caminho de cura normalmente passa pela união das trilhas dispostas pelo Mundo do Céu e da Terra, pois ambos possuem recursos complementares, e seu uso conjugado irá potencializar qualquer terapia e processo de cura.

Palavras dos Filósofos e Xamãs

Para falarmos da saúde, trouxemos um dos principais filósofos contemporâneos, Nietzsche; e para a contribuição xamânica, o caminho do curador, presente no Caminho Quádruplo.

Nietzsche

Friedrich Nietzsche, nascido na Prússia, em 1844, foi um dos filósofos que mais destinaram atenção à saúde como reflexão filosófica. Ele considerava que era possível extrair conhecimentos e *insights* dos períodos de doença, inacessíveis às pessoas saudáveis. A relação entre filosofia e saúde era uma das mais instigantes questões a serem vividas pelas pessoas.

Nietzsche considerava que os conceitos espirituais como Nirvana, Alma, e até mesmo Céu, seriam uma tentativa de fuga do homem em relação a sua condição eminentemente terrena e das mazelas que encontra em seu caminho. O Mundo do Céu certamente seria questionado pelo autor, assim como por muitos outros filósofos e intelectuais residentes apenas no Mundo da Terra.

No pensamento de Nietzsche, a filosofia e a saúde conversam em uma arena que une as forças e as fraquezas humanas. Nosso estado de saúde fará com que nos relacionemos de formas diferentes com a filosofia, que pode servir como um alento, ou mesmo um medicamento; ou, então, como rompante de gratidão triunfante, para aqueles de nós que estivem sob o domínio de um estado de virilidade e riqueza de forças.

A filosofia, para o autor, faz com que nos tornemos despertos, inclusive para o derradeiro momento que seria a morte e o fim, para alguns, ou uma viagem ao oculto e sagrado, para outros. Os filósofos conseguiriam extrair da doença um estado de extrema potência, pois seria possível, para eles, ficarem ao lado de todas as possibilidades de conhecimento e a dor seria apenas uma forma de acessá-lo.

Xamãs

Para falar de saúde, vamos trazer os ensinamentos xamânicos do arquétipo do curador, trazido por Angeles Arrien.

O curador nos diz que a cura está em concentrarmos nossa atenção naquilo que tem significado. A doença surge quando criamos uma dependência excessiva em aspectos que não irão melhorar em nada as nossas vidas.

A primeira forma de dependência está na necessidade de vivermos tudo com grande intensidade. Sendo assim, uma vida mais tranquila nos causa a sensação de tédio e isso nos incomoda demais. Melhor trabalharmos demais, passearmos demais, ter relacionamentos demais, comermos e bebermos demais. Desta forma, sentimos a falsa sensação de saciedade, que desaparece em pouco tempo. Sendo assim, buscar uma vida como menos afazeres e distrações abre caminho para nos concentrarmos naquilo e nas pessoas que são importantes em nossas vidas. O curador nos diz que a intensidade é o lado sombra do Amor.

A segunda forma de dependência é nossa busca por perfeição. Temos muita dificuldade em aceitar o erro e, em nossas vidas, ele é sinônimo de fracasso e falta de valor. Podemos perder nossos empregos por causa de um único erro. Podemos perder aquilo que é mais importante se cometermos um erro. Então, vamos blindando nossas vidas quanto às novas possibilidades, novas alternativas, novos aprendizados. E a consequência é que nos tornamos críticos, céticos e desesperançados. Tudo fica cinza quando somos perfeccionistas. A perfeição é o lado sombra do Poder.

A terceira forma de dependência é nossa necessidade de saber. Não aquele saber que leva à sabedoria, mas aquele desejo de saber tudo que está acontecendo para tomarmos conta da situação. Daí surgem as fofocas, intrigas e "puxadas de tapete". Esta dependência nos torna controladores e pessoas sem confiança. Tudo fica amargo quando desejamos ter o controle da situação. A necessidade de saber é o lado sombra da Sabedoria.

Finalmente, a quarta forma de dependência está em nosso apego àquilo que não nos traz resultados. Temos uma certa compulsão em perpetuar aquilo que não tem mais valor em nossas vidas, como empregos sem propósito ou relacionamentos sem conexão. Este apego está ligado à incapacidade de confiar na intuição. Somos nosso melhor conselheiro, mas precisamos confiar naquilo que o coração diz, afirma o Curador. O apego àquilo que não traz resultados é o lado sombra da Intuição.

O Curador é uma das quatro possibilidades do Caminho Quádruplo, de Angeles Arrien. Sua direção é o Leste, seu elemento é o Fogo (Espírito), suas criaturas são Seres Rastejantes, sua meditação ocorre Caminhando e seu bálsamo de cura é o Canto.

Plano para uma Vida Saudável

Plano de Vida Saudável

Alimentação (fazer uma dieta em que cada refeição traga fontes de proteínas, vitaminas, fibras e minerais e muita água, que não deve ser consumida durante as refeições)

Dieta para o café da manhã: ....

....

Dieta para o almoço: ....

....

Dieta para o lanche da tarde: ....

....

Dieta para o jantar: ....

....

Atividades físicas

Escolha uma ou mais atividades entre as diversas possibilidades (caminhada, corrida, musculação, pedalar, natação, yoga, alongamento, entre outras)

Atividade física: ....

....

Quantas vezes por semana e horários: ....

....

Atividades sociais

Defina uma atividade que irá colocá-lo em contato com um grupo social por afinidades

Grupo social que irá buscar: ....

....

....

....

Prática espiritual

Verifique se existe alguma prática espiritual que seja do seu interesse, e isso não significa seguir alguma religião. Pode simplesmente representar a leitura de livros sobre o tema, participar de grupo de estudos, entre outros.

Prática espiritual: ....

....

....

....

Outras

....

....

....

....

Capítulo 3

O Grande Caminho dos Relacionamentos

Introdução

A dimensão dos relacionamentos é um desafio importante na Jornada do Eu Integral. É nos relacionamentos que criamos os vínculos tão importantes à nossa caminhada. Eles nos fortalecem e fazem com que encontremos pessoas importantes e significativas em nossas vidas.

Os gurus que conhecemos enfatizam que a principal virtude a ser desenvolvida na nossa existência terrena é o aprendizado em vivermos em grupo, participar-

mos de forma efetiva de uma família, isto é, assumirmos nossas responsabilidades com nosso companheiro ou companheira, pais, filhos e quem mais existir em nosso núcleo familiar.

Os relacionamentos afetivos representam um grande teste para nossa jornada também, pois teremos que mostrar nossa capacidade de manter um relacionamento e nossa maturidade para entendermos que os relacionamentos exigem alguns tipos de renúncia e doação.

Em relação a isso, você terá a visão do Mundo Céu, que explica os aspectos espirituais da formação de uma família, os vínculos que existem antes da existência e como eles irão repercutir na nossa existência atual. Será explicado o conceito de afinidade espiritual e o que nos atrai nas pessoas. Duas figuras serão demonstradas também, o chamado "anjo da guarda" e o tão comum "encosto" que está presente na maioria das pessoas.

Em relação aos aspectos do Mundo da Terra, falaremos de família, autoestima, grupos sociais e relacionamentos afetivos por uma ótica mais psicológica, como estão acostumados a tratar do assunto os especialistas desta dimensão.

Ao final do capítulo, preencha o plano para relacionamentos saudáveis e veja como você está posicionado nesta dimensão atualmente.

O Mundo do Céu

Os Planos Espirituais

No capítulo anterior, o Mundo do Céu mostrou que temos sete corpos, diferentes em relação ao tipo de matéria de cada um, mas em todos existe vida e pessoas inteligentes! Os planos espirituais são as moradas de cada um de nós, dependendo do estágio da jornada em que estamos. Isto quer dizer que no Universo existem diversos tipos de moradas e de tipos de matérias, e, em cada um deles, existe vida inteligente. A NASA gasta bilhões de dólares para buscar vida inteligente em outros planetas, mas poderia investir em pesquisas para conseguir contato com os outros planos materiais e suas formas de vida inteligente.

A questão é que o Mundo da Terra e seus cientistas entendem que essa coisa de vida em outros planos não passa de pura crendice. Eles ignoram os milhares de livros e manuscritos que existem há milênios e todas as experiências que as pessoas relatam já terem tido, tanto em experiências de quase morte, como no período de sono, oportunidade em que conseguimos sair do corpo físico com nossos outros corpos e acessar os outros planos de existência.

Quando ouvimos em alguns cultos que, ao morrermos, ou iremos para o Céu – gozar da felicidade eterna – ou para o Inferno – sofrer pelos nossos pecados –, devemos afirmar que as coisas não são tão simples assim. Não existe sofrimento eterno; e a felicidade está cada vez mais próxima de nós quanto mais "subirmos um andar" e formos habitar nos planos mais sutis, com matéria menos grosseira e destinados àquelas inteligências que conseguirem se libertar dos seus desejos mesquinhos e rasteiros.

Vamos falar um pouco sobre como é cada um dos planos de vida ou sobre as diferentes moradas.

Plano Físico

Este é muito conhecido de todos nós. Aliás, é o único conhecido pelas Ciências e, por isso, todo o esforço científico, pesquisas e verbas, são utilizados para entender o plano físico. Toda produção científica, artística e literária concentra-se apenas no plano físico, com exceção dos livros e manuscritos das sociedades secretas, que iniciaram os estudos sobre a vida nos outros planos. Porém, o estudo dos outros planos é algo muito "elitista" e reservado aos pequenos círculos de pessoas iniciadas.

O plano físico é formado por matéria no estado sólido, líquido e gasoso e possui diversos tipos de elementos químicos, tendo no átomo a menor partícula da matéria. Quando os elementos químicos se juntam, eles formam moléculas de matéria, como, por exemplo, a famosa molécula da água: dois átomos de hidrogênio e um de oxigênio (H2O).

De forma resumida, podemos afirmar que o plano físico é formado por minerais, vegetais e animais (categoria na qual os seres humanos são incluídos). Existe também a matéria sintética, criada pelo homem, como o plástico, o alumínio e o aço que são usados na indústria. Também é possível transformar couro animal em sapatos e bolsas, ou o algodão em roupas.

É possível classificar os habitantes do plano material pelo seu nível de consciência e inteligência, isto é, sua capacidade de conhecer a si e aos outros e seu poder de raciocínio e criatividade.

Os seres humanos acreditam que são as criaturas mais inteligentes e conscientes do Universo, inclusive acham que são uma cópia da Divindade ou da Origem Criadora. Isso faz com que cometam verdadeiras barbaridades, destruam o meio ambiente e dominem espécies com inteligência ainda embrionária, como outras espécies de animais, por exemplo.

Como a maioria dos homens conhece apenas o plano físico, tende a achar que a vida começa no nascimento e termina na morte do corpo físico. As religiões tentam nos convencer sobre a existência de vida além do plano físico, mas faltam a elas argumentos e explicações coerentes para explicar a continuidade da vida.

Plano Etérico

O plano etérico é um espaço intermediário que compõe toda a energia de transformação e alimentação que existe no Universo. É como se fosse uma reserva de matéria energética para dar vida aos outros planos. Logo, não é uma morada de outros seres, como são os outros planos.

O corpo etérico é uma cópia perfeita do corpo físico e o acompanha do nascimento até a morte. Quando o corpo físico morre, os outros corpos são desligados dele e seguem o seu caminho. O corpo etérico dissolve-se e volta a fazer parte da matéria etérica bruta que compõe o plano etérico.

Plano Astral

Esse plano é de algum conhecimento das pessoas que vivem no plano físico. Todo filme ou livro que fala de fantasmas e assombrações está, de alguma forma, falando do plano astral.

Ele é o reduto de todas as criaturas que deixam o plano físico, ou "morrem", mas vejam que falar de morte não faz muito sentido. Apenas deixamos um plano para viver em outro.

O plano astral é uma região interessantíssima. Existe muita vida lá, vida pulsante e cheia de cor e energia. Habitamos o plano astral com o nosso corpo astral, que continua conosco após a morte do corpo físico. Quando dormimos, conseguimos libertar parcialmente o corpo astral do corpo físico e podemos ir "passear" no plano astral, conversar com pessoas que vivem lá, ter aulas e até fazer sexo, acreditem!

A matéria astral é mais sútil do que a matéria física e muito suscetível ao nosso pensamento. Quando estamos no plano astral e pensamos em algo, isso faz com que ele se materialize em nossa frente. Podemos mentalizar um sorvete, uma roupa, um carro e ele irá aparecer como se fosse mágica!

A vida no plano astral é muito parecida a vida no plano físico. Lá existem cidades, florestas, rios, veículos para transportar pessoas, como carros e naves, que conseguem percorrer espaços inimagináveis por nós no plano físico, pois a matéria é muito mais sútil lá.

As pessoas que moram no plano astral costumam repetir os hábitos que tinham no plano físico. Pois a pessoa muda de plano, mas suas crenças e valores continuam os mesmos. Isto é, as pessoas comem, bebem, dormem, vestem-se e fazem sexo no plano astral. Todos os objetos do plano astral são plasmados com a força do pensamento humano. Isto quer dizer que pessoas com nível intelectual e moral mais refinados, conseguem plasmar objetos, casas e até cidades de forma sublime, além de poderem compor músicas, pintar e esculpir, utilizando para isso apenas seu intelecto e sensibilidade mais desenvolvidos.

Existem diversos subplanos no plano astral. As pessoas irão habitar cada um deles conforme sua natureza e estágio de aprendizado. Pessoas com pensamentos e emoções grosseiras irão habitar regiões similares, onde existem bordeis, boates, casas de jogos etc. O chamado "inferno", "purgatório" ou "umbral" são regiões habitadas por pessoas em estado psíquico animalizado ou que possuem culpa e remorso por atitudes que tiveram no plano físico, os quais não se orgulham.

Contudo, pessoas que possuem emoções e pensamentos sublimes irão habitar regiões felizes, com escolas, templos e com pessoas na mesma "*vibe*". Tudo no Universo segue a Lei da Atração. Quando as religiões pregam a retidão e a bondade para todos nós, a fim de que ganhemos o "Reio dos Céus", estão falando exatamente disso.

Os animais quando se retiram do plano físico também vão habitar o plano astral. É muito provável que venhamos a reencontrar nossos amados pets quando formos habitar no plano astral.

Plano Mental

O plano mental, também chamado de plano mental inferior, é a sede dos pensamentos e projetos. As pessoas que estão num estágio de desenvolvimento que permita a produção de projetos, estudos científicos, composição de obras artísticas e literárias, costumam migrar do plano astral ao plano mental, depois de algum tempo.

A vida no plano mental já não tem tanta familiaridade com o plano físico e astral e a forma humana neste plano começa a perder a identidade com a forma física que estamos acostumados.

Isto faz com que constatemos que, na verdade, não somos "seres humanos". Apenas habitamos corpos humanos no plano físico para que possamos experienciar, aprender e nos transformarmos em seres melhores e mais preparados para as descobertas e aventuras que nos esperam.

Nossa Essência é similar à da Energia Criadora. Isto é, somos uma chama, uma centelha divina, que fica mais parecida com a Fonte Criadora à medida que partimos para as moradas mais sutis.

Nossa forma no plano mental é similar a um ser de luz no formato "ovoide". Ter uma forma humana e o conceito de beleza que possuímos no plano físico e astral não faz mais sentido no plano mental.

Nossas preocupações lá não estão mais ligadas às curvas do corpo humano, à sensualidade e ao prazer físico. No plano mental somos criadores, compositores de obras e projetos científicos. Estamos mais próximos da Fonte Criadora.

Plano Mental Superior ou Causal

Este é o primeiro dos três planos que não tem mais relação com o Ego ou com a personalidade humana. Neste plano os projetos e planos iniciados no plano mental ganham uma dimensão universal. Aqui os seres começam a edificar projetos sociais, planetários ou mesmo universais.

Quanto mais avançamos nos planos próximos ao Princípio Criador, menos nos preocupamos com questões individuais, carências e desejos. Começamos a viver envolvidos em uma sensação irresistível de Amor Universal. Temos uma vontade muito forte de servir, contribuir, compartilhar. Pessoas que vivem no plano físico, com um grande desejo de pensar no Todo, nas pessoas próximas, de forma incondicional, possui o corpo mental superior mais desenvolvido e vem ao plano físico em missão espiritual.

O plano mental superior, também chamado de plano causal ou plano intuitivo, é o local comandado pela força da intuição, onde tomamos decisões inspirados na Inteligência Coletiva que comanda os planos superiores. As leis da natureza são de total conhecimento pelos seres que vivem no plano mental superior. Isto lembra um dos sete princípios do hermetismo: O Universo é mental.

Plano Búdico

Segundo plano superior ou sexto plano espiritual. A partir desse plano fica difícil descrever como é a vida nesse lugar. As formas, desejos e questões humanas que tanto nos afligem nos outros planos desaparecem no plano búdico.

Esse plano é habitado por diversos tipos de criaturas, inclusive aquelas que possuem outra linha de desenvolvimento, como os chamados anjos, devas e elohins.

É um plano com ausência de sofrimento. Buda dizia que o sofrimento vem da ignorância. No plano búdico, esta ignorância não mais existe. O termo Buda, ou Avatar, significa aquele que é iluminado. O plano búdico é a morada desses seres. São governadores das galáxias, setores e sistemas de planetas. Coordenam os processos criativos do universo e as decisões que envolverão todos os seres que habitam as diversas moradas e planos do universo.

Plano Átmico

É o sétimo plano, morada da Essência ou das Mônadas, estrutura espiritual coletiva em que não existe mais separatividade. A dualidade desaparece totalmente nesse plano. Vivemos em total conexão com o Princípio Criador no plano átmico. Podemos chamá-lo de morada definitiva.

Os seres que habitam o plano átmico podem ser chamados de entidades construtoras e elaboradoras dos princípios do Universo. O Princípio Criador e os seres do plano átmico são apenas um.

Na jornada humana, passamos pelos diversos planos, vestindo os diversos corpos que nos constituem. Quando não mais somos atraídos pelos dilemas do Ego, deixamos de viver nos quatro planos primários, físico, etérico, astral e mental. Isto é, não mais voltamos à matéria, pois já aprendemos a viver baseados na cooperação, na preocupação com o Todo e somos preenchidos pelo Amor Universal.

A vida nos planos secundários, ou espirituais, não possuem mais a preocupação com o indivíduo, pois conseguimos viver uma Inteligência Coletiva. A individualidade ainda existe, mas ela é totalmente absorvida pelo chamado Eu Superior e pelo Bem Comum.

Processos de meditação ou êxtase podem nos fazer entrar em contato com os três planos maiores, mas são momentos isolados. Viver nos planos maiores é uma jornada para diversas vidas e começa quando, no plano material ou físico, sentimos a necessidade de contribuir para o bem-estar de todos, em detrimento dos desejos individuais do nosso Ego.

Famílias Espirituais

O Mundo da Terra define família como um grupo de pessoas com laços sanguíneos ou que foram trazidas para o grupo por adoção, além de agregados, como genros e noras. Porém, para o Mundo da Terra, que não conhece ou entende outros planos de existência, as famílias existem apenas no plano físico, e, quando morremos, a família desaparece.

O Mundo do Céu consegue entender os outros planos da existência e percebe que as famílias não começam nem terminam na existência terrena. As famílias espirituais são grupos de pessoas que se encontram em diversas existências, tanto no plano físico como nos outros planos.

As pessoas se agrupam por afinidade. Isto quer dizer que aqueles que desenvolveram o dom da música nas suas diversas existências, tendem a formar uma família espiritual e viverem juntos por diversas outras existências, tanto no plano físico, como no astral e mental. Já nos planos mais sutis e espiritualizados, o conceito de família não faz tanto sentido, pois as pessoas percebem que todos os seres formam uma única família.

Porém, podemos perceber que não apenas pessoas que gostamos e temos afinidade fazem parte da nossa família. É muito comum nascerem em um mesmo núcleo familiar pessoas que tiveram histórico de rivalidade e inimizade em outras existências.

Sendo assim, muito inimigos acabam nascendo na mesma família, mas isso não ocorre para nos fazer sofrer ou por sadismo. Rivais e inimigos se tornam família como forma de transformar ódio em amor e eliminar uma sequência de perseguições e violência, que podem estar presentes em diversas vidas.

Kardec explicou em detalhes essa dinâmica espiritual das famílias em seus livros.

Um homem que matou sua mulher por ciúmes, pode nascer, em outra existência, como filho daquela mesma mulher em outra oportunidade. Essa experiência é muito rica para as duas pessoas. Luxúria e sentimento de posse podem se transformar em afeto e amor de um filho para uma mãe.

Infelizmente, nem sempre essas experiências funcionam bem, apesar de terem sido planejadas para o sucesso. Muitas vezes, pais sentem ódio ou indiferença pelos filhos, enquanto, em outros casos, irmãos sentem rivalidade entre si. Tudo isso são resquícios de um passado que se tenta superar.

Quando sentimos certa repulsa por familiares, devemos buscar vencer esse sentimento buscando pontos de concórdia onde só existe discórdia. O processo de aprendizado é muito rico quando, por meio da paciência e abertura à mudança, supera-se o desejo de distanciamento.

É possível transformar um inimigo ou algoz numa pessoa querida, pois a nova existência funciona como se tivéssemos passado um apagador no que já foi vivido e agora temos à nossa disposição uma nova oportunidade de fazermos as coisas de forma diferente, de sermos mais maduros e prontos a superar as divergências e as situações que pareciam insuperáveis.

Anjos da guarda

O termo anjo da guarda refere-se à ideia de que seres da linha de evolução angélica irão atuar como nossos professores, mentores e protetores. De certa forma, o Mundo do Céu afirma que isso pode ocorrer porque os seres angelicais conseguem olhar pela humanidade de forma coletiva. Contudo, dificilmente vão pegar para si a tarefa de assistir pessoas individualmente.

Na prática, os chamados anjos da guarda não são anjos, mas pessoas afins e familiares que conviveram conosco em outras existências. Isto significa que não viemos ao plano físico desamparados e sozinhos. O processo de preparativos para viver uma experiência física contempla o recebimento de ajuda de uma pessoa, ou mesmo de um grupo de pessoas que irão atuar conosco via plano astral e mental.

É claro que, muitas vezes, temos ajuda em nossa existência de pessoas que também habitam no plano físico, como nossos pais, avós, tios e amigos, mas nem sempre isso ocorrerá. Irá depender do tipo de experiência que foi programado para nossa vida.

Já amigos de outros planos sempre serão designados para nos acompanharem. É como se fosse uma pré-condição para vivermos no plano físico. O problema é que, por habitarem no plano astral ou mental, não estão visíveis aos nossos olhos. Se tivermos sensibilidade, conseguiremos receber seus pensamentos por intuição Para aquelas pessoas que vieram para a vida física com o dom de comunicação com outros planos desenvolvido, os chamados médiuns, será possível ver, falar e até mesmo sentir seu amigo protetor do astral. Para a maioria das pessoas esse contato direto não será possível, mas as pessoas que habitam os planos mais sutis têm a capacidade de inspirar-nos com seus pensamentos. Isso também pode ocorrer para o mal, pois também podemos ser influenciados por maus pensamentos de habitantes do astral mal-intencionados. Dependerá de com quem estaremos sintonizados, àqueles que irão nos ajudar ou nos prejudicar.

Um protetor ou mentor ganha esta função para que também possa experienciar e aprender. Educar é sempre uma grande experiência para aquele que a exerce. É muito comum as pessoas encontrarem com seus mentores durante o sono no plano astral. Então, acordam com uma sensação de paz e com boas ideias, afinal, o mentor existe para ajudar-nos e inspirar-nos positivamente.

Encostos

Do mesmo modo que trazemos para esta existência nossos protetores e mentores, podemos também ter ao nosso lado aquelas pessoas que foram nossos inimigos em outras oportunidades no passado. Se estiverem no plano físico, como nós, serão inimigos declarados. Se habitarem o plano astral, serão nossos inimigos ocultos. O que exigirá de nós muita perseverança e força de vontade para vencermos este obstáculo.

Os médiuns conseguem enxergar e sentir, tanto os amigos protetores do astral, quanto os inimigos, também chamados de obsessores ou encostos, pois ficam literalmente "grudados" àqueles que sofrem suas influências.

Encostos também são adquiridos pela nossa prática de maus pensamentos, sentimentos e atitudes. Pessoas que emanam pensamentos grosseiros, de ódio, inveja ou luxúria, irão atrair para perto de si outros seres que habitam em regiões grosseiras do astral, por uma questão de afinidade.

Os encostos causam vários sintomas nas suas vítimas, como calafrios, dor de cabeça, confusão mental e em casos extremos, podem até levar seus perseguidos à morte.

Grupos de socorro espiritual, em centros espíritas ou de umbanda, fazem os trabalhos de desobsessão para tentar afastar os encostos de suas vítimas. Contudo, se a vítima continua a vibrar pensamentos e emoções grosseiras, não tem pai de santo que dê jeito na situação! Somos aquilo que pensamos e sentimos!!

O Mundo da Terra

A escolha dos grupos sociais

A personalidade é a forma que o ego encontra para poder atuar no mundo. O ego é uma entidade em constante construção que se manifesta a partir das relações com os diversos grupos sociais que a pessoa constrói em sua vida.

O primeiro grupo social que envolve a pessoa em sua vida é a família. Existe uma máxima comum que fala que não escolhemos nossa família, então temos que aceitar aquela que recebemos e procurar uma convivência saudável com os familiares.

O Mundo do Céu mostrou que família não é algo que recebemos de forma aleatória. Existe toda uma programação e definição dos membros de determinada família, visando o aprendizado e crescimento daquele grupo. E cabe a nós conviver com a aquela verdadeira teia de relacionamentos, pessoas afins e outras sem afinidade alguma.

Vamos falar da família no outro tópico, mas, aqui, a ideia é falar dos diversos grupos sociais que desenvolvemos e como eles podem impactar em nossas vidas. O primeiro grupo social que construímos, além da família, é a sala de aula, quando entramos na escola. Esse é um grupo que também não escolhemos, nossos pais nos matriculam em uma escola e recebemos um grupo bastante diverso, com o qual teremos que conviver por alguns anos.

Nossos anos na escola, amizades, *bullying* e rivalidades

A escola nos é vendida como um lugar legal e que devemos estar felizes em frequentá-la. Na prática, nem sempre é assim. Uma classe é formada por crianças diferentes, com crenças diferentes e que são criadas de formas diversas por seus pais. Todo esse turbilhão de emoções e contradições deságua na sala de aula, e a impressão que temos é que tudo se transforma num "salve-se quem puder".

Os mais fortes, mais populares e mais bonitos, tendem a ter uma passagem com menos traumas na vida escolar. Já aquelas crianças mais frágeis e que não possuem o padrão de beleza do momento, costumam tornar-se vítimas das outras crianças, naquilo que ´chamamos *bullying.*

Existem diversas formas se sofrer *bullying* em uma escola. Temos o *bullying* físico, com tapas, socos, beliscões, chutes e tudo mais que pudermos imaginar. Crianças que passam por essa situação têm verdadeiro pavor de ir para a escola e, muitas vezes, os pais não têm noção do que está acontecendo. O *bullying* psicológico não é menos cruel. São apelidos, gozações e até mesmo o isolamento de algumas crianças, muitas vezes por preconceitos herdados dos pais das crianças que praticam esse tipo de discriminação.

Existem também as rivalidades que surgem no ambiente da sala de aula. Grupos são formados e, muitas vezes, essas turmas promoverão disputas, seja de namorados, namoradas e, até mesmo, na tentativa de criar um espaço social de dominação. Não esqueçam que uma sala de aula infantil é um laboratório da vida real e de padrões que também encontraremos na vida adulta.

Não são apenas crianças que sofrem *bullying.* A prática está presente na vida adolescente do Ensino Médio e até mesmo no Ensino Superior, quando já somos adultos. Temos que ter liberdade para falar do assunto com os professores, coordenadores pedagógicos e, principalmente, com os nossos pais. Não devemos nos conformar com o *bullying* e achar que é algo normal e irresistível.

Uma forma de combater o *bullying* é promover a criação de grupos saudáveis na sala de aula, com foco em esportes, clubes de leitura, teatro, entre outros. Existem modelos de escola que tentam quebrar o modelo rígido, buscando uma integração entre diversas faixas etárias, e muito investimento em atividades artísticas. O importante é transformar a escola num ambiente que saudável e que não seja um martírio para os alunos.

As escolas Waldorf, idealizadas por Rudolf Steiner, têm o objetivo de promover a solidariedade e o compartilhamento entre os alunos, evitando as avaliações e *rankings* que acirram a competitividade. É possível questionar se é válido evitar a competição, mesmo que no mundo adulto ainda a enfrentemos com bastante intensidade.

A resposta não é fácil, mas a educação veio para mudar o mundo, não é mesmo?

Grupos de amigos

O grupo de amigos é derivado dos amigos que fazemos na escola e inclui também os amigos de infância, primos e demais pessoas que vamos encontrando ao longo da vida. O grande dilema do jovem é como ingressar nos grupos e saber filtrar aquilo que faz sentido daquilo que não faz.

Os grupos de amigos também são formados por afinidades e interesses comuns. Precisamos sentir que pertencemos a um grupo de amigos para fortalecermos nossa autoestima e nos sentirmos seguros em nossa jornada. Temos o desejo de nos sentirmos queridos e incluídos em nosso grupo de amigos. Somos mais fortes quando estamos num grupo de pessoas que nos apoiam.

Sem a intenção de fazer discurso moralista ou falar dos riscos que algumas amizades podem nos trazer, é importante afirmar que, quando o grupo de amigos ajuda em nossa jornada, ele ganha outro significado. Veja a seguir algumas fortalezas dos nove tipos de personalidade presentes no Eneagrama e que também podem ser trazidas pelos grupos aos quais pertencemos.

Tipo 1: o grupo pode ter uma missão em comum e trabalhar para a mudança social.

Tipo 2: energia coletiva de ajuda e apoio a outros grupos vulneráveis.

Tipo 3: elaboração de projetos de alto impacto nos diversos tipos segmentos sociais.

Tipo 4: busca do belo e do artístico nos trabalhos em grupo, criando obras inusitadas.

Tipo 5: transformar o grupo em um grande laboratório, experimentando e descobrindo novos caminhos.

Tipo 6: definição de procedimentos e orientações de apoio ao grupo interno e externo.

Tipo 7: criação caminhos lúdicos, onde o grupo é um vetor de alegria e descontração em nossas vidas.

Tipo 8: o grupo na liderança das transformações e da busca pela justiça.

Tipo 9: o grupo mediando conflitos a fim de criar caminhos em realidades diversas.

Grupos de Estudos

Este é um tipo de grupo muito interessante, pensando na nossa jornada. É um grupo nitidamente de afinidade. Estudar em grupo e debater os temas é muito mais interessante do que estudar sozinho.

Escolha um tema do seu interesse e descubra outros interessados entre seus amigos ou pelas redes sociais.

Normalmente, escolhe-se um livro e, uma vez por semana, o grupo se reúne para debatê-lo.

Estudar em grupo também irá desenvolver sua oratória e facilidade para falar em grupos, qualidades muito valiosas no mundo atual e na jornada que você irá percorrer.

A vida em família

A família é o grupo que mais influenciará nossa formação psicológica e nossos valores e isto irá impactar o restante de nossas vidas. Buscamos apoio, afeto, formação moral e psíquica na vida familiar.

É normal que tenhamos uma referência em nossas famílias e nos espelhemos nela. Pode ser nosso pai, mãe, avós, tios. Sempre haverá alguém que se torna modelo para nós e esse exemplo será o norte da nossa jornada.

A família tem imensa influência na construção da nossa personalidade. Em alguns casos, ela exigirá que amadureçamos mais rapidamente e isso irá fazer com que nos tornemos adultos mais rapidamente. Em outros casos, podemos sentir falta de apoio e afeto no ambiente familiar, e isso pode fazer com que busquemos apoio em outros grupos e nos transformemos em pessoas com independência acelerada. Ambientes com muito conflito podem formar mediadores ou pessoas com alto grau de rebeldia.

O herói da família

Famílias não são entidades perfeitas, elas comparam os filhos, estimulam mais alguns e são mais condescendentes com outros. Algo muito comum entre os filhos é que alguns deles sejam estimulados a tornarem-se os "heróis" dentro da família. Aqueles com o melhor desempenho, as melhores notas e, muitas vezes, aqueles que assumirão o papel de líderes e conselheiros, mesmo tendo menos idade que os demais.

O herói da família carrega um grande fardo. Precisa ser exemplo e, muitas vezes, deixar de lado seus interesses e necessidades para ajudar seus pais e irmãos ou mesmo ser a referência de sucesso dentro de casa, o que é muito pesado. Os heróis da família tenderão a repetir esse padrão na vida adulta, nos seus relacionamentos e comportamentos.

Heróis típicos da família podem ser encontrados nos nove tipos de personalidade. O padrão um atua como professor, a padrão dois será aquela criança sempre disponível a ajudar os outros, o padrão três será exemplo de sucesso e desempenho, o padrão quatro será o artista de sucesso, o padrão cinco poderá ser um cientista brilhante, o padrão seis é amigo, legal e sempre próximo, o padrão sete será o desbravador, o padrão oito será aquela que liderará a própria família, enquanto o padrão nove será o mediador e resolverá questões da família.

A ovelha negra da família

Outro padrão muito comum e, de certa forma, antagônica ao herói, é a figura da ovelha negra. Aquele filho conhecido como a "criança problema" que está à frente dos conflitos na escola e mesmo no lar.

A ovelha negra é o padrão rebelde, que não aceita ser moldado e que se comporta de forma mais agressiva ou então, isola-se em seu mundo, ignorando as cobranças e expectativas dos pais e irmãos. A rebeldia pode ser construtiva e trazer a criatividade e a quebra de padrões obsoletos. A ovelha negra normalmente não possui um bom desempenho na escola, mas muitos exemplos da história mostraram pessoas rebeldes e dispersas quando crianças se transformarem em líderes e precursores em padrões e tendências na vida adulta.

Os tipos psicológicos possuem formas de manifestação que podem estimular a rebeldia. O tipo um quer mudar regras; o tipo dois não se conformará com o sofrimento do mundo; o tipo três buscará fazer o melhor e quebrará padrões; o tipo quatro será irreverente e rebelde; o tipo cinco buscará soluções onde os outros enxergam problemas, o tipo seis irá padronizar aquilo que antes parecia o caos, o tipo sete deixará todos chocados com sua forma particular de ver o mundo; o tipo oito lutará contra o que não é justo; e o tipo nove tentará unir pessoas que pareciam ter problemas inconciliáveis.

O filho invisível

O filho invisível cria uma forma de sobreviver com uma postura minimalista na família. Ele não se destaca, dificilmente tem alguma opinião divergente e busca não trazer dificuldades em um ambiente que muitas vezes pode ser conturbado.

A postura de invisibilidade pode surgir em diversos padrões psicológicos e está muito ligado à tentativa do filho não querer trazer mais problemas para uma família já muito problemática.

Fica a missão para os pais estimularem seus filhos a se posicionarem e criarem suas próprias opiniões. Filho muito quieto e bonzinho demais não deveria ser algo a ser buscado pelos pais. O conflito e o questionamento fazem parte da construção da nossa jornada.

A família é um grupo importante para todos os tipos psicológicos. A forma como recebemos as mensagens familiares e os comportamentos e atitudes dos seus membros irão forjar pessoas de diversos tipos. Algumas, muitas vezes, possuem uma forma de ser inconsciente e que formará padrões para toda a vida. O autoconhecimento poderá deixar mais claros os padrões e mecanismos de defesa que utilizamos, além de mostrar outras possibilidades, a fim de que tenhamos uma jornada mais leve e aberta a novos caminhos.

Autoestima e autoimagem

Nossa autoimagem é construída a partir de um conjunto de crenças acerca de como somos que podem ou não ser verdadeiras. Estas crenças são adotadas dos nossos pais, através de diversas gerações, até o momento que nos predispomos a questioná-las.

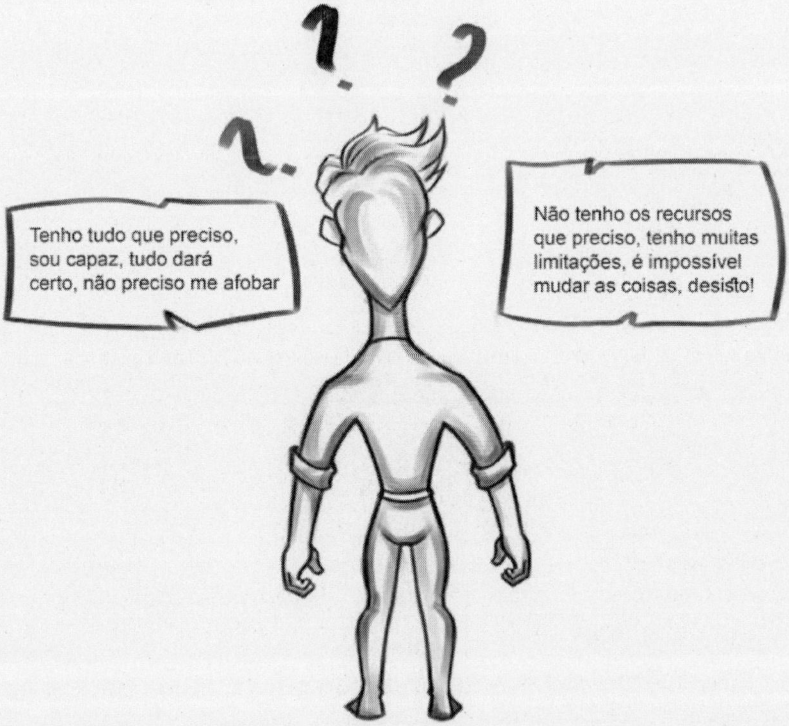

Todos procuramos conhecer o próprios eu. Esta busca pode ocorrer com a reflexão acerca daquilo que nos caracteriza, pela observação de nossos comportamentos, ou ainda pela comparação com outras pessoas, usando o outro como referência. Utilizamos a linguagem corporal neste processo de interação e percepção social. Nossa identidade social é definida pelo conjunto de papéis que desempenhamos.

Baseado neste conhecimento, desenvolvemos nossa autoestima que poderá ser positiva ou negativa. Todos temos um eu real – aquele que somos –, e um eu ideal –aquele que gostaríamos de ser. Quanto maior esta distância, maior o sentimento de baixa autoestima.

Essa avaliação que fazemos de nós mesmos ocorre na forma de um diálogo interno, que acontece dentro da nossa cabeça, com perguntas, respostas, críticas e desculpas. Este diálogo está relacionado às crenças construídas durante a vida. Quando identificamos, racionalizamos e reescrevemos estas crenças, mudando a rotina, os hábitos, e começamos a considerar que estamos sempre fazendo nosso melhor em constante mudança. Conseguimos assim superar os temores e as inseguranças, compreendendo que somos diferentes e únicos.

Autoimagem e autoestima são dimensões totalmente ligadas entre si. Quando temos uma autoimagem negativa, que nos coloca numa situação de inferioridade, teremos uma baixa autoestima e nossa jornada será muito mais difícil, pois nós mesmos teremos colocado obstáculos no caminho.

O sentimento de inferioridade é algo comum nas pessoas, juntamente com a sensação de separatividade. Sentimos que estamos isolados num mundo que não faz muito sentido. Então saímos em busca de respostas para algo que não nos foi explicado: nossa razão de ser.

Nossa autoimagem é construída pela comparação que fazemos entre nós e as outras pessoas. Costumamos achar que temos menos que os outros, somos menos bonitos e temos menor valor. A raiz do problema está no fato de buscarmos apenas aspectos externos, como dinheiro, beleza, numa sociedade que privilegia esses aspectos da vida humana. A frustração que surge desta comparação faz, muitas vezes, com que desistamos da construção de uma jornada notável, que não necessariamente deve ser alicerçada no sucesso material.

Ao mudarmos nossa autoimagem e trazermos a ela outras dimensões, que não apenas os aspectos exteriores, descobrimos muitas possibilidades e diversas alternativas surgem no caminho.

Algumas dicas para descobrirmos nossas fortalezas podem estar no autoconhecimento. Isto é, na consciência dos impulsos dos nossos tipos psicológicos.

Exemplos de fortalezas por tipo psicológico

Tipo 1: educar, organizar, estruturar, apoiar grupos, ajudar as pessoas.

Tipo 2: ajudar as pessoas, apoiar grupos, atuar como assistente social/terapeuta.

Tipo 3: implantar projetos, empreender, construir negócios de impacto.

Tipo 4: criar obras artísticas, promover a espiritualidade, inovar e surpreender.

Tipo 5: investigar a vida e as relações científicas, explorar possibilidades, descobrir fatos importantes.

Tipo 6: criar caminhos estruturados para as situações, analisar sistemas, projetos, apoiar os grupos.

Tipo 7: descobrir novos caminhos, animar os grupos, promover a alegria e descontração.

Tipo 8: liderar processos de mudança, promover a política transformadora, ir à frente.

Tipo 9: mediar situações, pensar sistemicamente, harmonizar situações críticas.

Quando seguimos o caminho do autoconhecimento, ficamos responsáveis pela nossa felicidade. O conhecimento sempre caminha junto com a responsabilidade. É preciso saber escolher uma possibilidade e estar pronto para colher os resultados, sem culpa, sendo responsáveis pelo nosso próprio caminho. Nós somos nossas escolhas.

Relacionamentos afetivos

Buscamos nos relacionamentos afetivos consequências recompensadoras, como prazeres e satisfações. Tentamos minimizar consequências negativas ou desagradáveis.

As relações são baseadas na percepção de si e do outro, considerando sempre a reciprocidade. Nessa troca, queremos receber e devemos estar preparados também para doar. O segredo é descobrir esse equilíbrio.

As relações afetivas dependem muito da comunicação e franqueza para falarmos o que estamos sentindo e pensando, além da avaliação da relação em si. É o que chamamos de “DR”: Discutir a relação.

Para estarmos bem num relacionamento, precisamos estar bem conosco mesmos. O processo sempre começa em nós. Queremos carinho, mas precisamos tratar de nós com esse mesmo carinho e cuidado.

Quando temos a mente aberta e boa comunicação, conseguimos pedir um afago, uma atenção para seguirmos nosso caminho. Isto resolve em grande parte a falta que sentimos de estímulos, contato, conhecimento, carinho, carícias. A questão é que somos diferentes e temos "apetites" diferentes.

Alguns exemplos de casais e seu perfil psicológico

Tipo 1 com tipo 2: energia instintiva do 1 para resolução de questões e energia afetiva do 2 para ajudar e integrar as pessoas. Serão um casal engajado em mudar o mundo e ajudar as pessoas. Mudar e apoiar serão palavras-chave nesse relacionamento.

Tipo 8 com tipo 9: duas energias instintivas. Enquanto o 8 possui uma postura mais assertiva, o 9 irá ponderar as situações. Pode-se dizer que as duas forças em conjunto podem levar ao equilíbrio da relação. Palavras-chave: ação e equilíbrio.

Tipo 3 com tipo 6: energia efetiva de desempenho do 3 com energia mental de processos do 6, fará com que o casal tenha muita disposição para empreender e estruturar negócios. Caminho próspero pela frente. Palavras-chave: resultados e padronização.

Tipo 4 com tipo 7: energia afetiva de criação do 7 com energia mental voltada à experiência do 7. Será um casal com polaridades, onde o 4 leva ao recolhimento e o 7 à expansão. Podem criar coisas muito inovadoras.

Tipo 5 com tipo 4: energia mental do 5 e afetiva do 4, fará com que o casal tenha uma postura mais retraída, mas com imensas possibilidades de explorar caminhos e criar oportunidades.

Conversa com Filósofos e Xamãs

Para falar sobre o Grande Caminho dos Relacionamentos, selecionamos um filósofo que nos brindou com o conceito de "alma gêmea". Além da visão xamâmica dos relacionamentos.

Platão

Platão, um dos pais da filosofia clássica e criador da academia, em seu livro, o Banquete, constrói um diálogo surpreendente para explicar o que são almas gêmeas e porque as pessoas se apaixonam.

Numa fábula que inclui a presença do dramaturgo Aristófanes, Platão narra como seria um típico jantar de cidadãos atenienses, que sempre estavam juntos para comer, beber e filosofar. Em determinada hora da noite, o assunto caminha para a tentativa de encontrar o significado do amor.

Conceito bastante polêmico, o amor era entendido como uma forma de tornar os homens fortalecidos ou um caminho para deixá-los enlouquecidos. O amor poderia ser uma ponte entre a humanidade e a filosofia, quando ampliava os sentidos e as emoções dos enamorados.

Em meio aos diversos discursos em torno do amor e sua epopeia de prazeres e possíveis significados, Aristófanes inicia sua fala, contatada por meio de uma parábola, forma preferida do discurso dos filósofos à época. Ele afirma que, nos primórdios da humanidade, as pessoas tinham uma forma diferente.

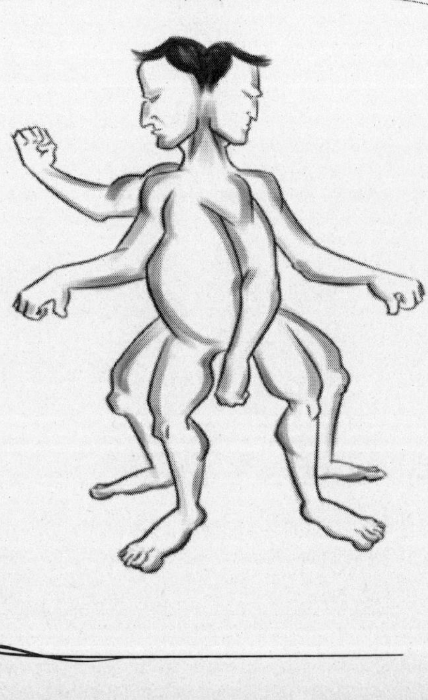

Nas palavras de Aristófanes, os seres humanos tinham quatro braços e uma única cabeça, mas com dois rostos opostos, que repousavam sobre um pescoço proeminente. As pessoas possuíam também dois sexos.

Estes seres eram muito mais fortes e poderosos do que os humanos da atualidade, mas cometeram o erro de desafiarem os deuses, pois sentiam-se plenos, sem a necessidade de adorarem seres divinos. Isso fez com que os deuses tivessem um dos seus muitos momentos de ira e, como punição, dividiram os seres humanos em dois, sendo que cada parte ganhou apenas dois braços, duas pernas, um rosto e um sexo.

Essa transformação radical fez com que os humanos corressem numa busca frenética a fim de encontrarem sua cara metade, ou, como disse Platão, sua alma gêmea. A união com a metade perdida seria a possibilidade de os seres resgatarem sua plenitude perdida e poderem caminhar pela Terra empoderados e potencializados.

Parábolas à parte, o conceito de amor em Platão traz a busca pelo complemento, pelo companheirismo e, especialmente, pela prática do compartilhar e todas as delícias e armadilhas que pode trazer e que nos atormenta a cada novo início ou despertar do amor.

Xamãs

Para falar do amor segundo o xamanismo, vamos trazer o tambor como instrumento rítmico para retratar as emoções e os relacionamentos humanos. O primeiro som que ouvimos quando estamos no ventre de nossas mães é o coração de nossa genitora.

O som do coração é semalhante à batida rítmica do tambor. Seu ritmo aumenta quando nos emocionamos ou nos esforçamos e pode tornar-se sereno quando estamos num momento de repouso e equilíbrio.

Os xamãs, quando precisam tomar decisões importantes ou quando querem celebrar algo, trazem o tambor para a roda e fazem uma cerimônia com a presença dos quatro elementos: água, terra, fogo e ar. O tambor fala para nossos chacras mais básicos, está ligado à terra e aos quadris humanos, criando uma dança de sensualidade, fertilidade e vida!

Plano de relacionamentos saudáveis

Grupo na escola: ....

....

Seu papel no grupo: ....

....

Considera-se um líder? ....

....

Sofre *bullying*? ....

....

Ações planejadas para criar um grupo saudável na escola:

....

....

Grupo de amigos:

Como são as pessoas do seu grupo de amigos?..

O que fazem juntos?...

O que eles fazem que não lhe agrada?...

Como você se posiciona no grupo?...

Que projetos você pode fazer com seus amigos?..

Grupo de estudos:

Qual o tema do grupo?..

Como é quando vocês se reúnem?..

Qual sua metodologia de estudos?..

Quais achados o grupo já lhe proporcionou?...

Faça um plano de estudos com seu grupo:

Dia	Assunto	Responsável
....	....	....
....	....	....
....	....	....

Relacionamento afetivo:

Você possui facilidadc para iniciar um rclacionamcnto? Sc não possui, tcm idcia do motivo? Faça uma relação entre seu comportamento em um relacionamento e seu tipo no Eneagrama.

....

....

Quais são os pontos essenciais para que você invista em um relacionamento?

....

....

O que você deveria mudar para contribuir no processo de aprofundamento do relacionamento?

....

....

Capítulo 4

O Grande Caminho do Autodesenvolvimento

Introdução

Autodesenvolvimento significa o esforço feito por você para aprender e se tornar uma pessoa melhor e mais consciente. São diversos tipos de aprendizagem possíveis, tanto do Mundo do Céu quanto do Mundo da Terra. O desafio é saber quais conteúdos escolher, pois são quase infinitos.

Observe que nem todo tipo de conhecimento e aprendizagem leva ao autodesenvolvimento. Com as redes sociais e *internet*, foram criadas toneladas de

conhecimentos que não melhoram em nada as nossas vidas e não nos tornam pessoas melhores. Claro que existem conteúdos voltados ao entretenimento, mas o problema é destinarmos 90% das nossas vidas para assuntos fúteis, inúteis e que gastarão o nosso recurso mais valioso: o tempo.

Neste capítulo você descobrirá formas e caminhos para autodesenvolver-se tanto pelo Mundo do Céu, como pelo Mundo da Terra. No primeiro tópico, mostraremos as principais escolas de aprendizado do espírito, que poderão ajudar em muito no conhecimento dos planos espirituais, além de ajudarmos você a se livrar dos charlatões e daquelas seitas e grupos que tentam mantê-lo preso a eles.

No mundo da Terra, serão mostrados os principais autores da educação, os princípios de uma educação transformadora de verdade e ainda dicas sobre como elaborar uma trilha de autodesenvolvimento em consonância com o seu perfil psicológico, o que será muito útil para você.

Ao final do capítulo, você receberá um roteiro para seu plano de autodesenvolvimento, um caminho para acelerar o aprendizado daquilo que pode tornar-lhe uma pessoa melhor e mais consciente, que não significa ser apenas uma pessoa mais culta. São conceitos diferentes. Cultura que não te faz seguir em frente rumo aos aspectos mais importantes, é conhecimento com pouca utilidade.

Boa leitura!

O Mundo do Céu

O espírito também aprende

Existe uma ilusão, defendida por algumas tradições, de que não existe vida ativa em nossa jornada além do plano físico. Ou seja, tudo que precisamos aprender está em nossa estada neste "planetinha azul" e depois iremos gozar de uma felicidade eterna ou suplício infinito. Não faz o menor sentido, não é?

Como já vimos em capítulos anteriores, existem diversos planos de existência, no mínimo sete, e há vida em todos eles. O espírito tem a possibilidade de adquirir aprendizado em cada um desses planos. O aprendizado ocorre de acordo com as experiências vividas. Como nos planos mais sutis as experiências também são mais sutis, o aprendizado exige um refinamento do espírito bastante acentuado e distante para uma boa parte deles.

Para um número expressivo de espíritos, o aprendizado é mais efetivo no plano físico, como esse em que vivemos atualmente. Não precisa ser no planeta Terra, pois existem infinitas outras possibilidades no universo ou no multiverso. Isso explica em partes o motivo que nos leva a nascer diversas vezes no plano físico.

Ele é uma espécie de oficina ou laboratório para aprendermos, errarmos e começarmos novamente. As experiências causam-nos grande impacto e, então, nascem o aprendizado e o autodesenvolvimento.

Os sete corpos do espírito são divididos em dois grupos. O primeiro é casa da personalidade ou do ego, formado pelos corpos físico, etérico, astral e mental inferior. Significa que são reconstruídos a cada nova existência. O segundo grupo é formado pelos corpos mental superior ou causal, búdico e átmico, e são a morada do espírito e nunca serão reconstruídos.

Então fica a pergunta, onde ficam armazenados os conhecimentos e aprendizagens obtidos nas diversas existências? A resposta que o Mundo do Céu nos dá é que o aprendizado conseguido pelos corpos do ego ou personalidade, durante as diversas existências, não são perdidos com sua reconstrução. Ele fica armazenado no corpo mental superior ou corpo causal e possui reflexos nos outros dois corpos do espírito, o búdico e o átmico.

Todo o conhecimento, experiências e aprendizagens acumulados estarão à nossa disposição, contudo, durante as existências no plano físico, o acesso a esse acervo é relativamente prejudicado, porque o meio físico, nossa herança genética e social criam um véu sobre quem realmente somos. Resgatar o acesso ao nosso acervo exige disciplina e a busca por uma vida equilibrada e espiritualizada. Somente assim será o máximo de acesso ao nosso acervo.

Isto explica por que algumas pessoas possuem vocação para algumas profissões em relação a outras e por que alguns nascem com talentos diferentes de outros. Espíritos em estado avançado e com muitos aprendizados adquiridos conseguem, em tese, ter uma vida mais plena no ambiente físico. Contudo, o caminho para eles também será duro, pois terão barreiras e até mesmo inimigos. Existe muita reação àqueles que tentam falar das coisas do espírito no plano físico, que é muito material e dominado pela ignorância, ganância e egoísmo.

O plano astral é outro plano muito propício ao aprendizado, mas é mais pobre em experiências. Lá existem universidades dos mais diversos tipos e podemos desenvolver nossas habilidades. Mas acabamos sentindo falta de irmos a campo e testá-las num ambiente mais desafiador. Por isso, acabamos migrando para o plano físico, até que ele não tenha mais nada a nos ensinar.

O plano mental inferior também é um excelente laboratório para criarmos teorias, levantarmos hipóteses e pensarmos em modelos científicos, entre outros. Mas sempre fica a vontade de colocá-los à prova no plano físico. O melhor espaço para provas de campo.

Temas importantes para o espírito

Um programa de autodesenvolvimento deve contemplar temas ligados ao Mundo do Céu, pois somos muito mais moradores de lá, do que do Mundo da Terra, onde temos apenas passagens rápidas e discretas.

Existem alguns assuntos que são praticamente obrigatórios para quem pretende explorar o Mundo do Céu, pois trazem os fundamentos para aspectos dos planos de vida não físicos. Descreveremos a seguir alguns dos temas que deveriam ser objeto de estudo do aprendiz em sua jornada do eu integral. Os temas relacionados são tratados nas escolas nas quais nos baseamos para idealizar o chamado Mundo do Céu.

A origem do Universo

Este tema, chamado em muitas escolas como "Cosmogênese", investiga a origem do Universo, suas divisões e hierarquias associadas. Na maioria das escolas estudadas, existe um momento zero na criação e todas falam de uma força superior, inteligente e que emana amor, causa máxima da criação.

O Universo, ou os vários Universos, chamados também de Multiversos, estão em constante expansão, e existe uma vida pulsante por todos eles, que têm a mesma origem , a Fonte Criadora. As escolas do Mundo Céu falam da liberdade existente para todas as criaturas, uma vez que possuem a capacidade de discernir, em graus diferentes, para então fazer suas escolhas.

Os diversos planos de existência

Como mostrado anteriormente neste livro, a vida que pulsa no Universo existe em diversos planos de existência ou de consciência. Isto quebra a dualidade entre o plano espiritual e material, presentes em diversas tradições. As escolas iniciáticas, que pretendem introduzir os aprendizes nos aspectos "secretos" do espírito, mostram que a vida pulsante existe em diversos planos, ou dimensões, como alguns dizem.

O conhecimento sobre os diversos planos de vida faz com que a vida terrena perca um pouco seu protagonismo em nossas vidas, pois este plano seria apenas o mais denso dos planos, e, por isso, o mais limitado. Os diversos planos nos abrem muitas possibilidades e oportunidades para que possamos viver, amar, conviver, errar e aprender.

A origem dos seres humanos

Este ponto é polêmico mesmo entre as escolas do Mundo do Céu. Para algumas escolas, o homem possui uma posição central na criação; mas, para outras, somos apenas uma espécie que vem evoluindo em diversos locais do Universo, existindo outras tão protagonistas ou até mesmo mais do que nós.

A existência de seres de linhas paralelas da evolução aparece em muitas escolas. Espíritos da natureza, seres elementais, seres angelicais e espécies análogas à

humana surgem em diversas escolas, sendo que todas defendem a existência de vida por todo o Universo em seus diversos planos. É como se a vida e os seres humanos existissem de forma multidimensional.

Outro ponto polêmico é a origem dos seres humanos. Algumas escolas acreditam que fomos criados como um disco em branco e aos poucos fomos evoluindo por meio de diversas existências, sendo que nosso objetivo é chegarmos até a Fonte Criadora. Outras escolas afirmam que os seres humanos passaram por um processo de "decadência", saindo de uma situação de bem-aventurança para outra, com sofrimento e provações. Mas, em ambas as situações, os seres humanos possuem um caminho de aprendizado e lapidação rumo à Fonte Criadora.

Reencarnação

Nas escolas que agrupamos dentro do Mundo do Céu, a reencarnação, ou múltiplas vidas no plano físico do mesmo ser, aparece de forma unânime. Vivemos diversas vidas a fim de experienciar, aprender, ganhar sabedoria e, assim, migrarmos rumo à Fonte Criadora. Algumas escolas afirmam que as reencarnações no plano físico funcionam como uma espécie de roda, que nos prendem a um movimento contínuo de nascimentos e renascimentos.

Essa roda de encarnações no plano físico pode ser interrompida quando tivermos um nível de consciência que nos permita romper o círculo vicioso e partir para outras situações. A vida em planos mais sutis serão nosso destino e novas possibilidades se abrirão à nossa frente.

Comunicação com seres de outros planos

As escolas do Mundo do Céu acreditam na possibilidade de pessoas no plano físico poderem se comunicar com outras pessoas em outros planos de existência. Este processo ainda é algo embrionário para a maioria das pessoas que habitam no plano físico. De acordo com esta crença, existe um grupo seleto de pessoas que possuem o chamado desenvolvimento mediúnico, que possibilita a comunicação com os outros planos.

A comunicação com os outros planos pode acontecer de diversos modos, como, por exemplo, pela visão, isto é, algumas pessoas conseguem enxergar seres de outros planos. Outros grupos conseguem este contato pela audição, intuição ou pela manifestação de sensações físicas, como calafrios, dor de cabeça, entre outros.

Os chamados seres extraterrestres, que seriam espécies análogas à humana, mas que habitariam em outras esferas planetárias, são citados na maioria das escolas do Mundo do Céu. Essas civilizações possuiriam características próximas às humanas, podendo haver variações menos e mais radicais, como, por exemplo, serem no formato de insetos ou lagartos, mas que possuiriam inteligência semelhante à humana. As escolas defendem a possibilidade e incidência de comunicação entre os humanos do plano físico, ou de outros planos, com seres de todo o Universo, formando uma só comunidade.

Ataques entre seres de diversos planos

Da mesma forma que é possível a comunicação entre seres de diversos planos, pode também haver hostilidade, pois os seres possuem suas paixões, amizades e inimizades. As escolas do Mundo do Céu estudam estes confrontos entre os seres multidimensionais, e muitas delas possuem práticas de tentar eliminar o conflito e suas causas.

A prática mais comum é a desobsessão, que já vimos anteriormente neste livro e visa tentar libertar os humanos do plano físico dos ataques ou ameaças que vêm do plano espiritual. Existem rituais e práticas estruturadas para este fim, envolvendo a invocação de aliados de outros planos, além do uso de orações, meditações, ervas, cristais, entre outros.

Instrumentos de autoconhecimento

Muitas escolas do Mundo do Céu utilizam instrumentos de autoconhecimento que auxiliam seus adeptos a se autoconhecerem, a fim de possibilitar um caminho de descoberta, cura e aperfeiçoamento.

Instrumentos como o Eneagrama, astrologia, numerologia, cabala, tarô, búzios, leitura de mão ou cartas, entre outros, sempre foram usados por diversas escolas do Mundo do Céu. Estas práticas depois migraram para o Mundo da Terra, principalmente por meio das ciências do comportamento humano, que utilizam alguns desses e de outros instrumentos para tratar distúrbios físicos e mentais.

As Leis Universais

As escolas do Mundo do Céu conhecem e defendem, em seus princípios, a existência de Leis Universais, criadas pela Fonte Criadora e que determinam o andamento de toda a existência universal.

As Leis da Física, descobertas pelos cientistas do Mundo da Terra, seriam manifestações das Leis Universais, que também se manifestam nos outros planos da existência. Algumas Leis são muito conhecidas e difundidas por diversas escolas, como a Lei de Ação e Reação, da qual deriva-se a Lei do Carma, que seria a reação, em nossas existências, de nossas atitudes, que podem criar facilidades ou dificuldades para a jornada.

Outras Leis muito presentes nas escolas do Mundo do Céu são a Lei da Polaridade, mostrando que tudo no Universo possui polos opostos, que também são chamados de Luz e Sombra; a Lei de Gênero, que diz que os princípios masculino e feminino habitam em todos os seres, criando um sistema equilibrado de ataque e defesa, exploração e cuidado, calor e frio; e, finalmente, a Lei da Vibração, que mostra que tudo vibra e se movimenta no Universo e que a estagnação é sinal de desequilíbrio e causa da maioria dos distúrbios. Hermes Trismegisto trouxe essas Leis ao conhecimento humano, no antigo Egito.

Cura espiritual

A busca pela cura espiritual, ou seja, pela terapia que envolve os outros corpos do homem e não apenas o corpo físico, está presente na maioria das escolas do Mundo do Céu também. A necessidade da cura espiritual ocorre quando existem distúrbios com os seres do plano físico ou por hostilidades com outros seres, principalmente pela ignorância dos princípios e leis universais.

Como já foi visto anteriormente neste livro, muitos instrumentos são utilizados na cura espiritual, como as ervas, cristais, meditação, transmissão de energia ou mesmo os processos de desobsessão.

As diversas escolas da espiritualidade

Para você que está ansioso por começar a estudar espiritualidade, preparamos uma lista das principais escolas que tratam do assunto pela ótica do Mundo do Céu, isto é, tradições que acreditam na vida após a morte, reencarnação, possibilidade de comunicação com seres de outros planos, entre outros.

Selecionamos algumas das principais escolas que no passado formavam "sociedades secretas", às quais apenas algumas pessoas tinham acesso, pois o conhecimento era bastante restrito. Atualmente, a maioria das escolas já tem livros disponíveis em livrarias ou mesmo textos gratuitos na *internet*.

Caso você queira aprofundar seus conhecimentos sobre os princípios de cada uma dessas escolas, iremos recomendar, neste texto, uma bibliografia básica para os iniciantes. Vamos lá!

Teosofia

Teosofia – "Theos" = Deus e "sofia" = sabedoria – seria uma escola que estuda a sabedoria divina. Seus princípios datam das antigas tradições orientais, como o hinduísmo, e inspiraram os filósofos do ocidente, como Pitágoras, Platão, Aristóteles, Plotino, entre outros.

No mundo contemporâneo, a teosofia foi precedida pelos diversos filósofos ocultistas, como Paracelsus e Emanuel Swedenborg. Mas teve como seu maior nome a ocultista russa Helena Blavatsky, que estudou no Tibete por muitos anos e teve acesso ao conhecimento milenar tibetano, especialmente ao conjunto de pergaminhos chamado Estâncias de Dzyan, que fundamentaram sua obra.

A teosofia é considerada uma escola mística ou ocultista porque trata dos mistérios do universo e seus conhecimentos ocultos. Atualmente, seus principais documentos e obras estão disponíveis nas livrarias e na *internet*, contudo, de certa forma, seus conhecimentos continuam "ocultos" pela dificuldade de entendimento dos conceitos, muitos deles, baseados no idioma sânscrito.

Esta escola busca o conhecimento dos mistérios do universo por meio da síntese entre a ciência, religião e filosofia. Seus principais temas tratam da evolução da vida no universo; ascensão e decadência das civilizações; as leis da reencarnação; a lei do carma; os mundos invisíveis; o homem na vida e na morte; além da evolução de outras espécies de outros reinos, como os animais, vegetais e minerais. A teosofia estuda também a evolução de seres em trilha paralela à humana, como os elementais, devas e anjos.

Blavatsky trouxe ao ocidente também o conhecimento de um grupo especial de pessoas, a hierarquia dos iluminados, também chamados de Grande Fraternidade Branca. Este grupo é formado por mestres da sabedoria e tem por objetivo zelar pelo planeta, buscando a evolução dos seres e aumentar o nível de consciência dos homens. Esses mestres da sabedoria, chamados também de mestres ascensos – pelo fato de não necessitarem mais de reencarnar no plano físico –, comandam grandes grupos de seres espirituais e possuem moradas no planeta, em planos mais sutis da existência.

Blavatsky fundou a sociedade teosófica no final do século 19, período em que muitas escolas da espiritualidade surgiram, principalmente na Europa. Muitas pessoas ilustres se uniram à Blavatsky, como Annie Besant, Alfred Sinnett, Henry Olcott, Charles Leadbeater e George Mead, e produziram diversos livros sobre teosofia, dando sequência à obra da sua grande fundadora. Na atualidade, a sociedade teosófica continua com seus trabalhos e estudos e muitas outras escolas originaram-se dela.

Veja algumas obras da Teosofia que você deveria conhecer

De Blavastky: *A Doutrina Secreta; Ísis sem Véu; A Voz do Silêncio e O Livro Perdido de Dyzian.*

Outras obras importantes: *Fundamentos da Teosofia de C. Jinarajadasa; Cristianismo Esotérico; Os Sete Princípios do Homem*, de Annie Besant; *Os Mestres e a Senda e O Lado Oculto das Coisas,* de C. W. Leadbeater.

Antroposofia

A antroposofia foi criada pelo filósofo austríaco Rudolf Steiner, que anteriormente havia sido membro e dirigente da Sociedade Teosófica. É possível notar a influência da Teosofia na Antroposofia, uma proposta que pretendia trazer uma leitura mais prática e científica da espiritualidade.

A antroposofia traz soluções práticas para o dia a dia de diversas áreas da atuação humana, como a medicina, educação, agricultura e artes. A existência de outros planos da realidade, presente na Teosofia, também surge na Antroposofia, mas com exemplos e recomendações práticas para os principais segmentos da vida humana.

Na medicina, a Antroposofia traz uma proposta alternativa baseada nos seus fundamentos filosóficos. Os médicos antroposóficos nunca tratam apenas um órgão da pessoa enferma, mas observam a pessoa de forma global, inclusive levam em consideração os outros seis corpos sutis. Os chacras, centro energético do corpo, já mencionados neste livro, também são tratados a fim de que estejam em equilíbrio. Massagens, aconselhamento psicológico, exercícios e substâncias medicinais antroposóficas também fazem parte do tratamento terapêutico da medicina antroposófica.

Na educação, Steiner criou uma metodologia e um novo tipo de escola, chamada por ele de Escola Waldorf. A pedagogia Waldorf integra a criança em sua dimensão física, emocional, intelectual e espiritual, seguindo o conceito dos setes corpos do homem. A prioridade é desenvolver a criatividade, imaginação e intuição da criança, não oferecendo brinquedos prontos, a fim de que possam criar seu próprio mundo de brincadeiras. Nas escolas Waldorf, as cadeiras não são enfileiradas, não há lousa e o ambiente escolar assemelha-se a uma casa, onde as crianças mais velhas ajudam a tomar conta das mais novas. Os aparelhos eletrônicos são evitados, principalmente entre as crianças pequenas, que precisam desenvolver habilidades reprimidas pelo mundo dos tablets e aparelhos celulares.

A agricultura antroposófica ou biodinâmica procura mudar a maneira como o homem se relaciona com a terra e seus produtos. Assemelha-se à agricultura orgânica, além de trazer os conceitos antroposóficos no cultivo das hortaliças, grãos, frutas e leguminosas. A agricultura antroposófica busca resgatar a força criadora e os aspectos socioculturais das diversas comunidades que cultivam seus próprios alimentos. A produção local, livre de agrotóxicos, é privilegiada em relação à produção em massa e industrializada. A criação de animais em larga escala também é preterida e existe o incentivo à produção local, sem os flagelos existentes na produção em larga escala. A agricultura antroposófica tenta vencer a visão utilitarista e materialista da natureza, procurando um caminho ético, onde plantas e animais são vistos com muita proximidade aos seres humanos.

Nas artes, a antroposofia baseia-se nas propostas da euritmia, arte expressiva e performática com o uso da linguagem corporal, música e poesia, a fim de criar obras e manifestações que integrem as diversas dimensões humanas, citadas aqui anteriormente. A busca pelos elementos artísticos faz as pessoas se depararem como elementos construtores da atividade artística, como o equilíbrio, movimento, cores, formas, sons e ritmos. A proposta é criar algo de dentro para fora, integrando o indivíduo ao grupo, à natureza e ao seu meio social. As artes antroposóficas são utilizadas como terapia pela medicina e como instrumento pedagógico pela educação antroposófica.

Veja algumas das principais obras da antroposofia

Entre as obras de Steiner, é possível destacar *O conhecimento dos Mundos Superiores, A Ciência Oculta, A Filosofia da Liberdade e Teosofia.* Existe também a obra de Rudolf Lanz, *Noções Básica de Antroposofia.*

Espiritismo

O Espiritismo, ou Kardecismo, foi criado no final do século 19 pelo professor Hippolyte Rivail, que usava o pseudônimo de Allan Kardec. O espiritismo pode também ser considerado uma escola de espiritualidade que busca aproximar os conceitos espirituais, a Ciência e a Filosofia.

Kardec iniciou a pesquisa com as "mesas girantes", um movimento anormal de objetos sobre as mesas sem interferência humana, além de fenômenos de materialização de espíritos em reuniões que coordenava. Ele foi chamado de codificador da doutrina espírita porque, com a ajuda de médiuns, buscou respostas para diferentes questões da espiritualidade que sempre atormentaram as pessoas.

Kardec estudou aspectos como a existência de vida após a morte, a reencarnação, a comunicação entre os planos físico e os demais, além de ter detalhado os diversos tipos de mediunidade e os locais dos planos espirituais mais próximos à Terra. Com o método de perguntas e respostas, o autor buscou explicações para todas as questões do interesse das pessoas em relação ao assunto espiritualidade.

Desse compêndio de perguntas e respostas surgiu o Livro dos Espíritos, primeira obra de Kardec em relação ao assunto. A obra foi bastante combatida pela sociedade científica e pela Igreja porque se chocava com as premissas científicas e com os dogmas religiosos, fazendo com que Kardec fosse bastante perseguido pelos seus críticos.

Todos os autores que procuravam estudar e divulgar as escolas da espiritualidade foram perseguidos pelos adeptos da Ciência e das diversas igrejas, pois os conhecimentos das escolas da espiritualidade questionam os princípios estabelecidos pelas entidades científicas e religiosas.

Das obras de Kardec surgiram orientações para os médiuns trabalharem para sanar as doenças com causas espirituais, chamadas obsessões. Deram origem também aos chamados centros espíritas, casas onde trabalham os médiuns, que são as pessoas que servem como intermediários na comunicação entre o mundo físico e os demais.

Blavatsky, Steiner e Kardec foram três dos codificadores e promotores do conhecimento espiritual do Mundo do Céu. No final do século 19 e início do século 20, essas doutrinas se expandiram na Europa e nas Américas. Na África e Oceania, os conceitos do Mundo do Céu já estavam disseminados pelo povo, sendo que o espiritismo também lá chegou.

As principais obras de Kardec são: *O Livro dos Espíritos, O Livro dos Médiuns, O Evangelho Segundo o Espiritismo, O Céu e o Inferno* e, finalmente, *A Gênese.* A obra kardecista complementa-se entre si e representa um dos principais acervos sobre espiritualidade. Estão totalmente disponíveis a qualquer pessoa nas diversas sociedades.

Umbanda

As três escolas vistas anteriormente caracterizam-se pelo reconhecimento do espírito, das múltiplas existências e dos diversos planos de vida. Todas essas escolas podem ser tratadas como escolas espirituais da elite branca europeia e americana.

No início do século 20, surgiu no Brasil uma escola de espiritualidade trazida ao mundo pelo médium Zélio de Moraes e que tinha os mesmos fundamentos das demais escolas do Mundo do Céu, como a existência dos diversos planos de existência, a reencarnação e a possibilidade de comunicação entre pessoas nos diversos planos. Contudo, os espíritos que trabalhavam nessa nova escola, plasmavam uma aparência popular, a fim de que pudessem atender aos seguimentos da população mais humildes e com poucos recursos. Ao invés dos doutores e filósofos das outras escolas, essa nova escola trabalhava com espíritos na forma de índios ou caboclos, pretos-velhos e crianças. Assim surgiu a Umbanda.

A Umbanda recebeu forte influência do catolicismo, espiritismo e do candomblé e foi idealizada para atender os milhões de brasileiros de camadas populares da sociedade. Com o tempo, a Umbanda atingiu praticamente todos os segmentos sociais, sendo hoje uma das principais escolas da espiritualidade no Brasil.

Uma das contribuições da Umbanda foi trazer os arquétipos dos Orixás, espíritos plasmadores universais, para sua escola e tradição. Cada orixá trabalha em um par vibratório e representam as forças da natureza, os fundamentos da espiritualidade e as formas de manifestação do homem sobre a Terra.

Principais orixás:

Oxalá: a energia da criação, a Vontade da Fonte Criadora.

Yemanjá: a energia feminina, o Amor da Fonte Criadora.

Xangô: a força das Ciências e da Lei de Causa e Efeito, a Justiça da Fonte Criadora.

Ogum: a energia transformadora, vencedora das demandas, o Poder da Fonte Criadora.

Oxossi: a energia da reflexão filosófica e da natureza, o Poder Educador da Fonte Criadora.

Yori: a energia visionária que constrói novas frentes, a Criatividade da Fonte Criadora.

Yorimá: o controle do espírito sobre a matéria, a Sabedoria da Fonte Criadora.

Existem outros Orixás que fazem par vibratório com as sete linhas principais e outros Orixás secundários. Destaca-se o Orixá mensageiro que transita entre os planos e mundos, o Exú.

Os espíritos que trabalham na Umbanda costumam plasmar as seguintes formas: pretos velhos, entidades que transmitem a sabedoria dos anciãos e a humildade dos escravos que habitaram o Brasil durante muitos séculos; crianças, entidades que trazem a sabedoria e ao mesmo tempo, a inocência infantil; caboclos, plasmam a forma de guerreiros indígenas e são conhecidos pela sua coragem ao quebrar as demandas e sabedoria ancestral. Os exus são uma quarta forma e costumam trabalhar com vestimentas negras, que os isolam contra os ataques psíquicos, na sua jornada dos diversos planos e subplanos no plano astral.

Algumas das principais obras para entender a Umbanda são: *Umbanda, o Elo Perdido,* de F. Rivas Neto; *Umbanda – A Proto-Síntese Cósmica*, também de F. Rivas Neto; *O Código de Umbanda, de Rubens Saraceni*; e *Os orixás e os ciclos da vida*, de Norberto Peixoto.

Escapando dos maus líderes espirituais

Agora que já mostramos os bastidores do Mundo do Céu, seus temas e escolas, é muto importante alertá-lo sobre um perigo comum para aqueles que se enveredam pelas coisas do espírito: os maus líderes espiritais, que estão em todo lugar, seitas e religiões, em busca de seguidores que se transformam em vítimas e podem ficar presos psicológica e emocionalmente por muito tempo.

Podemos definir um mau líder espiritual quando sua orientação não cria pessoas livres e autônomas, e sim seguidores fiéis e dependentes que não conseguem andar com seus próprios pés a fim de se tornarem também orientadores.

Principais características dos líderes picaretas

Ego inflado: Estão em todos os lugares, nos livros, nos programas de TV ou na *Internet* e não deixam outras pessoas se destacarem, além deles próprios. Adoram homenagens, apesar de tentarem demonstrar uma falsa modéstia. Sua foto está em todos os lugares, no espaço de trabalho, nos livros, folhetos, site da internet e seu nome aparece mais do que o trabalho que fazem.

Pseudo sábios: Seus ensinamos são rasos, cheios de clichês e falas rebuscadas. Não são profundos, não conseguem analisar uma situação sob diversos prismas

e, muitas vezes, são preconceituosos. Você acredita que um verdadeiro líder espiritual iria criticar ou atacar pessoas com orientação sexual diferente daquelas que possuem? Líderes espirituais conseguem enxergar longe, fazer uma análise ampla das diversas situações e, principalmente, emanam amor. Amam a todos, sem distinção ou pré-condição. Se algum deles lhe disser que apenas seus seguidores são dignos de serem amados, saia correndo, pois ele é um "*fake*" líder!

Tudo é comercial: Maus Líderes são grandes vendedores de produtos. Vídeos, livros, cursos, consultas, remédios, camisetas, canecas entre outros. Possuem verdadeiros *shoppings*, onde tudo pode ser vendido e pago via pix ou parcelado no cartão. Os seguidores são estimulados também a fazerem doações em espécie e a sensação que temos é que seus templos são verdadeiros supermercados da fé, onde tudo pode ser comprado ou parcelado.

Você nunca está pronto: Maus líderes também se dizem educadores, dentro do seu conhecimento raso, mas no seu processo educativo, seus seguidores nunca estão preparados para andar com suas próprias pernas. Sempre há um novo módulo no curso que vendem, um novo livro, curso *online* etc. Seus seguidores não se sentem empoderados para tornarem-se líderes e ajudarem outras pessoas. O mau líder sempre irá orientá-lo a levar novas pessoas para o tempo dele e nunca irá estimulá-lo a criar seu próprio espaço ou grupo de estudos.

Hipnóticos: Um dos atributos mais nefastos dos maus líderes espirituais é sua capacidade hipnótica e isso é relativamente simples de conseguir. Para hipnotizar uma pessoa, é preciso saber usar o tom de voz correto, contar relatos envolventes com o uso de visualizações, exercícios de respiração e outras técnicas conhecidas pelos magos de plantão. Ser hipnotizado não significa ficar em estado de transe, mas a pessoa sente-se confusa, sem conseguir resistir aos comandos do seu algoz. E alguns deles utilizam sua técnica nefasta para convencer seus seguidores a fazerem coisas que jamais fariam numa situação normal, envolvendo dinheiro e diversos favores, incluindo os sexuais.

Não há nada de errado em seguir pessoas que conhecem mais do que nós e são mais sábias, mas cuidado para não se tornar uma pessoa dependente. Os verdadeiros líderes espirituais não são estrelas midiáticas. São pessoas simples, amorosas e sem interesses obscuros. Um dia, teremos que abandonar nossos mestres e seguir nossos próprios caminhos, talvez para encontrar outros mestres ou para podermos agir como líderes espirituais de outras pessoas. Essa é a Lei do Fluxo, do Movimento, da Vida que continua e se renova sempre.

O Mundo da Terra

A educação transformadora

O Mundo do Céu nos mostra que a educação transformadora cria aprendizes livres, sem que estejam presos a dogmas sem sentido ou aos chamados maus líderes espirituais. No Mundo da Terra, a coisa não é diferente. No plano terreno, falar em autodesenvolvimento também significa a formação de pessoas autônomas e livres, com senso crítico e capacidade analítica, para fugir das ideologias rasas e dos sistemas educacionais opressores e alienantes.

Pessoas conscientes não são manipuláveis e, por isso, uma educação de qualidade e plural nunca foi a prioridade da maioria dos dirigentes que vivem e enriquecem em razão da ignorância das pessoas. Logo, uma educação transformadora é um instrumento de poder e de expressão política.

A educação de crianças, adolescentes e adultos não deve se misturar com dogmas religiosos. Não estamos falando sobre princípios do Mundo do Céu, e sim sobre fundamentos religiosos que manipulam as pessoas, impedem sua autonomia e carregam as salas escolares com preconceitos e ignorância dogmática.

No decorrer da história, a educação sempre esteve presente, mas sempre de forma elitista. Pequenos grupos dominantes tiveram acesso aos conhecimentos educacionais, enquanto as massas eram deixadas na ignorância e, muitas vezes, no analfabetismo. O século 20 trouxe a massificação da educação, permitindo o acesso das camadas mais pobres, o que representou um avanço nas coisas do Mundo da Terra.

A educação massificada foi caracterizada por uma verdadeira linha de produção baseada num modelo similar ao militar, com crianças separadas por idade, muitas vezes por gênero, uso de uniformes e conceitos questionáveis de moral e civismo.

Professores mal preparados e com baixa remuneração comandavam classes de crianças com diversos tipos de carência e que não tinham suas necessidades atendidas. A educação "bancária", como dizia Paulo Freire, transformava crianças em "cofres" de conhecimento, pois recebiam conteúdos desconexos num processo passivo de aprendizado. O professor era o centro do processo e os alunos deveriam receber os conteúdos, com pouco ou nenhum conhecimento, num ambiente de disciplina e escassez de questionamentos.

Mas o Mundo da Terra produziu educadores notáveis. Pessoas preocupadas em garantir o espírito livre e criativo das crianças e adolescentes, a fim de formar cidadãos livres e autônomos. Seus métodos se alastraram, principalmente na rede privada de ensino, perpetuando, infelizmente, o caráter elitista da educação.

A educação transformadora é baseada no aluno como protagonista, com a liberdade de descobrir seu próprio caminho de aprendizagem, sem estar submisso à ditadura dos conteúdos e do modelo "bancário" ou "militar" de ensino. Essa nova educação não prioriza apenas o cognitivo, mas também os aspectos emocionais, espirituais e até mesmo físicos do aprendizado. Isto é, o homem é corpo, emoções, razão e espírito e o processo educação deve contemplar todas essas dimensões.

Ao trazer o Mundo do Céu para conversar com o Mundo da Terra, estamos propondo uma nova forma de educar. Aproximar Razão e Fé, Filosofia e Ciência, Artes e Sabedoria. Uma forma holística de construir nossa jornada.

Veja, a seguir, alguns dos principais educadores do Mundo da Terra.

Comenius

Comenius viveu nos séculos 16 e 17. Nascido na Morávia, Europa Central, na região que hoje pertence à República Tcheca. Teólogo, bispo e educador, foi autor da Didática Magna e é conhecido como o precursor da didática moderna.

Defendia a ideia de "ensinar tudo a todos", por isso sua importância para a educação e para o movimento atual de democratização e amplitude do processo educacional. Sua forma de educar, considerado um modelo "pansófico", ou seja, o saber na sua totalidade, buscava aproximar o homem de Deus por meio de um conhecimento completo, amplo e que baseava-se na aproximação da Fé e da Razão.

Sua proposta de educação universal, ou Pampedia, buscava uma sabedoria formada pelas mentes, corações e mãos dos homens, como forma de conseguir uma mudança global das relações humanas e melhoria do mundo. Para Comenius, todas as pessoas tinham necessidade e direito à sabedoria, não apenas para si próprios, mas para a tarefa de serem mestres de outras pessoas. A educação deveria atingir todas as pessoas de forma literal, isto é, todas as nações e religiões deveriam ter acesso a uma educação universal e, por isso, transformadora.

Pestalozzi

Pestalozzi viveu nos séculos 18 e 19. Nascido na Suíça, onde viveu praticamente toda sua vida. Teve uma infância difícil, com sérios problemas financeiros, e conheceu uma sociedade dividida entre ricos e pobres. Teve forte influência dos ideais de liberdade e igualdade de Rousseau, tornando-se um intelectual engajado na transformação social.

Após um período de intensa atividade política, começa a dedicar-se à educação, tendo transformado uma propriedade rural que havia comprado em escola. Escreve a obra *Leonardo e Gertrudes,* na qual narra a vida de uma mulher boa e dedicada e seus impactos na vida das pessoas ao seu redor.

Seu método pedagógico origina-se nas guerras que presenciou, onde buscava amparar as crianças órfãs, dando-lhes abrigo, afeto e educação. Pestalozzi acreditava que por meio do afeto é que a educação se realizava e as crianças aprendiam juntas, sem divisão por idade, cuidando umas das outras. Sua pedagogia, presente na obra *Como Gertrudes ensina suas crianças*, partia do simples ao complexo, com o uso da pintura e da literatura para a produção do conhecimento.

A pedagogia de Pestalozzi influenciou profundamente a educação moderna, com uma preocupação genuína de que a educação atingisse o povo e não fosse um instrumento de privilégio entre classes.

Piaget

Piaget nasceu no final do século 19, tendo produzido sua obra no início do século 20. Assim como Pestalozzi, Piaget também era suíço. Revolucionou a educação por mostrar que as crianças constroem seu próprio aprendizado de forma diferente dos adultos.

Piaget nunca foi pedagogo, era biólogo, atuando como pesquisador da forma como o conhecimento era absorvido, principalmente pelas crianças. Criou um método de pesquisa chamado epistemologia genética, centrado no desenvolvimento natural das crianças, que para ele dividia-se em quatro estágios, do nascimento até a adolescência, momento em que ela tinha sua capacidade de raciocínio pleno.

Piaget mostrou que a capacidade de ensinar é algo limitado porque irá depender da capacidade cognitiva da criança aprender e do seu interesse pelo conteúdo, ligado à formação da própria criança e do sentido que aquele conteúdo irá fazer a ela. Sua teoria, chamada de construtivista, defende que o aprendizado é construído pelo próprio aluno, não sendo possível a tentativa de massificar a educação.

Vygotsky

Vygotsky nasceu ao final do século 19 e produziu sua obra no século 20. Nasceu na Bielo-Rússia e, assim como Piaget, também não era pedagogo, e sim psicólogo, não tendo criado uma escola da pedagogia, apesar de ter tocado em questões profundas da pedagogia.

Sua obra destaca o papel da escola no desenvolvimento das crianças, principalmente pelo seu aspecto cultural e seu impacto na formação intelectual dos alunos. Seu trabalho é considerado uma derivação do trabalho de Piaget, sendo denominado "socioconstrutivismo", apesar de não dar tanta ênfase aos processos internos da criança no aprendizado, e sim às interações socioculturais.

Para Vygotsky, o homem apenas constrói-se em contato com outro homem, criticando as teorias que defendiam a presença de atributos inerentes ao próprio homem, ou as escolas comportamentais, focadas nos estímulos externos. Vygotsky defendia a relação dialética entre o sujeito e a sociedade em que vive.

O conceito de mediação aparece de forma destacada na teoria do autor. É o processo de aprendizagem mediado pelas relações sociais, instrumentos técnicos e, principalmente, pela linguagem, mediadora central do processo de aprendizagem. O conceito está presente também na obra de Paulo Freire.

Montessori

A médica italiana, Maria Montessori, nasceu ao final do século 19 e desenvolveu sua obra no século 20. Além de médica, também foi educadora e pedagoga. Sua metodologia enfatizava a importância da autonomia e da liberdade para o desenvolvimento da capacidade física, social e psicológica da criança.

Montessori critica a escola tradicional que não desenvolve a autonomia do aluno, produz pessoas fracas e dependentes, formando barreiras pessoais que transformam-se em entraves sociais à civilização.

Para a autora, a educação deveria trabalhar as capacidades de concentração da criança, autonomia, independência de julgamento e de manter-se aberta à verdade e realidade. Ao adulto, fica a responsabilidade de apoiar a criança em suas escolhas, sem dominar ou impor sua vontade. Em troca, a criança responderá com carinho e respeito.

No processo de desenvolvimento, a criança precisa deixar florescer sua capacidade de amar e seus valores num ambiente que favoreça a escolha entre o certo e o errado, o bem e o mal; e os critérios estão ligados àquilo que traz vida ou morte, não apenas ao homem, mas a todas as espécies do planeta.

Paulo Freire

Paulo Freire é o mais célebre educador e pedagogo brasileiro. Nascido no início do século 20, é considerado o patrono da educação no Brasil. Seu método, chamado de Pedagogia Crítica, baseia-se na crença de que a criança deve construir seu aprendizado baseado na relação dialética entre suas experiências e a realidade, construindo seu próprio pensamento crítico.

Freire critica a educação "bancária", tecnicista e alienante. Ao aluno é destinada a chance de construir seu próprio caminho, liberto dos grilhões de uma educação opressora. Dessa forma, a pedagogia de Freire cumpre também o papel de desenvolver o senso crítico e político nos aprendizes, num processo global de promoção da consciência planetária.

Sua obra *A pedagogia do oprimido* é um dos textos mais citados em trabalhos acadêmicos nas ciências sociais em todo o mundo e visa explorar as possibilidades presentes na análise dialética das relações humanas, com a mediação das interações sociais, alinhado com a teoria de Vygotsky.

Anísio Teixeira

Anísio Teixeira foi outro importante educador brasileiro do início do século 20. Liderou o movimento chamado "Nova Escola", que buscava privilegiar a capacidade de julgamento do aluno em detrimento à memorização, o que significava a necessidade de seu protagonismo e liberdade para construir seu caminho de aprendizagem.

Foi um dos líderes na defesa de uma educação laica, pública, gratuita e obrigatória, princípios ainda vivos no sistema educacional brasileiro, por mais que sofra ataques de públicos que pretendem resgatar um sistema educacional baseado em aspectos religiosos de determinadas frentes.

Defensor de uma educação integral para todos os brasileiros, o que nos faz lembrar a proposta de Comenius, ainda no século 17. O sistema educacional de Anísio Teixeira visava colocar a educação como grande promotora da modernização das relações sociais numa sociedade que buscava seu desenvolvimento baseado num contexto de acelerada urbanização e industrialização do Brasil.

Os ciclos do desenvolvimento humano

Toda vida no Universo manifesta-se em ciclos. E a vida passa por um processo de nascimento/crescimento para depois seguir para a fase de maturidade ou de auge e plena energia, e, então, a vida começa a desestruturar-se, rumo ao envelhecimento e morte.

Ao pensarmos na vida dos seres humanos, é possível verificarmos também a existência dessas mesmas três grandes fases. Na fase de crescimento, que vai do zero aos 21 anos, estamos no chamado período do "corpo", pois ele está se constituindo. Também ocorre a formação da nossa personalidade, que será a forma do nosso ego manifestar-se nesta existência. Instabilidade emocional faz parte desta fase, pois as mudanças ocorridas em nosso corpo causam insegurança, mexem com nossa autoestima e podem trazer o primeiro grande vazio sentido por nós, principalmente quando não conseguimos encontrar um significado maior em nossa existência.

Na fase de amadurecimento, dos 21 aos 42 anos, temos a constituição física completa e começamos a viver o período da "alma", que seria o uso dos nossos aspectos cognitivos e psíquicos em toda a sua força. É o período de constituição da família, crescimento acelerado de nossa carreira com possibilidade de acumulação de patrimônio. Nesta fase, julgamos-nos poderosos, nosso ego costuma ser inflado, somo ambiciosos, queremos explorar e conquistar. Aspectos espirituais muitas vezes são colocados em segundo plano, e vivemos nosso apogeu. Somos fortes, temos energia, experiência e o mundo se coloca aos nossos pés. Ao final desta fase, começamos a descobrir que algo não está bem em nossas vidas e, então, surge o segundo vazio.

Na fase do envelhecimento, dos 42 anos até o final das nossas vidas, vivemos o período do "espírito". Nossa energia vital entra em decadência, mas tenho muita maturidade e experiência. Vivemos muitas situações que nos permitem tomar decisões com sabedoria. A crise do final da segunda fase coincide com o início da terceira. Notamos que algo está errado em nossas vidas. Acumular patrimônio e tentar viver a vida de nossos filhos já não nos completa mais. Vem a necessidade de nos dedicarmos aos chamados aspectos do espírito, ou seja, nos colocarmos a serviço, dedicarmo-nos a uma causa maior, deixar nosso legado no mundo. Nossa missão está madura nesta fase, pois acumulamos conhecimento, destreza e experiência nas outras duas fases.

Se tivéssemos tido acesso aos aspectos do espírito desde a primeira fase, teríamos uma terceira fase mais tranquila, pois teríamos nos preparado para nossa grande entrega. Aqui surge a certeza de que não nos resta mais muito tempo, começamos a sentir o final chegando até nós e se não aproveitarmos essa fase para as coisas do espírito, iremos vivenciar o terceiro vazio.

Rudolf Steiner, o pai da antroposofia – citado no Mundo do Céu, neste mesmo capítulo –, também foi um importante criador e dedicou sua vida para aproximar as diversas dimensões da existência. Ele dividiu os três grandes ciclos em períodos de sete anos, os chamados setênios.

Os setênios

Cada setênio traz desafios e oportunidades para experiências e aprendizados. Eles também trazem suas crises e condições para que nos tornemos pessoas mais seguras, autônomas e sábias.

1º setênio: 0 aos 7 anos

Começa o processo de individualização, começamos a nos separar de nossas mães e descobrimos nosso corpo. A personalidade está em formação e todos os impactos que tivermos nesta fase irão repercutir na constituição dela. Nesta fase precisamos de espaço para sentirmos os limites do corpo, temos que brincar, correr, pular. Não é o momento de trabalharmos o intelecto, e sim o corpo, além de começarmos a sentir nossas emoções. Afeto e apoio dos pais, mas sem superproteção, serão fundamentais.

2º setênio: 7 aos 14 anos

Começa nosso processo de estruturação emocional. Nesta fase estamos em busca de modelos de autoridade e a presença dos pais e demais educadores será essencial. Infelizmente, a maioria dos pais, nesta fase, estão vivendo sua fase de busca por dinheiro e sucesso e, muitas vezes, deixam seus filhos em segundo plano, com educação terceirizada para as escolas, e isso pode criar adolescentes inseguros, com problemas de autoestima e falta de segurança e autonomia.

3º setênio: 14 aos 21 anos

Aqui começa a necessidade de nos afirmarmos afirmar no mundo. Começaremos a fazer escolhas para a vida adulta e buscaremos modelos comparativos. Os exemplos que forem dados pelos pais e demais pessoas importantes na vida terão muito impacto nesta fase. Precisaremos de apoio e sentiremos necessidade de liberdade para tomar decisões. Os mentores em nosso caminho serão muito importantes para tomarmos decisões e aquietarmos nosso sentimento de rebeldia e necessidade de questionarmos tudo e todos.

4º setênio: 21 aos 28 anos

Nesta fase começa a busca pelo nosso Propósito, mas com um enfoque ligado mais à carreira e ao trabalho. Queremos viver tudo com intensidade e parece que nossa energia é inesgotável. Saímos demais, fazemos sexo demais, comemos demais, trabalhamos demais. Aqui, nosso corpo já se estabilizou, o turbilhão de emoções da fase anterior torna-se mais ameno e dedicamos nossa energia para a vida mental. Nesta fase haverá grande dedicação aos estudos, formação profissional e à carreira, mas os aspectos do Mundo do Céu começam a nos inquietar.

5º setênio: 28 aos 35 anos

Sentimo-nos no auge de nossa vida física, emocional e mental. Os rumos de nossa carreira começam a ser questionados e buscamos intensificar nossas experiências no Mundo da Terra. Viagens, cursos de pós-graduação, idiomas e novas experiências são nosso principal foco. A necessidade de questionar e organizar o mundo surge com muita força. Queremos nos envolver em projetos que irão questionar o status e a ordem das coisas e nossa energia profissional vive seu apogeu. A inquietação da fase anterior torna-se forte nesta fase e surge a crise existencial, principalmente para pessoas que estão mais adiantadas nas questões do espírito.

6º setênio: 35 aos 42 anos

O amadurecimento começa a dar lugar à maturidade. Temos nosso mundo físico, emocional e mental desenvolvidos e nossa busca começa a voltar-se para aspectos mais sutis da nossa existência. O trabalho e a carreira continuam a ocupar grande parte de nossas vidas, nossos filhos já são adolescentes e adultos e começamos fortemente a questionar nosso ritmo de vida e a forma como fazemos nossas escolhas. O autoconhecimento começa a fazer parte das nossas prioridades e buscamos ser autênticos conosco mesmos, eliminando as máscaras mal trabalhadas de nossa personalidade combalida. A crise existencial que ganha força na fase anterior, aqui torna-se quase insuportável, pois as questões do espírito e do Mundo do Céu começam a tornarem-se inadiáveis.

7º setênio: 42 aos 49 anos

A busca por uma nova vida, novos valores e perspectivas assume o protagonismo nesta fase. A dedicação ao trabalho ainda continua, mas encontramos formas de conciliá-lo com outras práticas e atividades. O corpo, que ficou meio esquecido nas fases anteriores, começa a cobrar dedicação e buscamos atividades físicas, alimentação saudável, meditação e práticas espirituais. A dedicação a uma causa ganha o espaço que anteriormente era da nossa busca por ganhar dinheiro. Começamos a pensar numa mudança para uma cidade mais tranquila, um emprego em tempo parcial e queremos investir de forma intensa no Mundo do Céu. A decisão de nos divorciarmos ou de começar uma nova família surgem fortemente aqui, pois é o momento de renovação.

8º setênio: 49 aos 56 anos

O mundo do ego, da busca por sucesso e riqueza cedem espaço para uma vida envolvida em sabedoria, inspiração e minimalismo. Começamos a sentir que as coisas se acalmam. As buscas frenéticas do ego iniciam seu processo de desagregação. Os valores universais, como a ética, amor, solidariedade, justiça e sabedoria tomam conta de nossas vidas. Apesar de podermos nos colocar como mestres, nos curvamos aos ensinamentos ancestrais e às questões do espírito. A vontade de servir torna-se a nossa diretriz mestre e a crise que iniciou-se nas fases anteriores transforma-se em projetos concretos. Uma nova carreira surge nesta fase, sem a preocupação com poder e dinheiro, e sim com a nossa contribuição para o mundo.

9º setênio: 56 aos 63 anos

Aqui começa o caminho de retornar para a casa, o Mundo do Céu começa a se aproximar, nosso vigor físico torna-se menor e será reflexo da forma como cuidamos de nosso corpo nas fases anteriores. Nossa missão fica clara e colocamos energia em consolidá-la. Pessoas que não conseguiram investir nas questões do espírito nas fases anteriores, terão uma nova e forte crise existencial, pois é o momento de fazermos o balanço de nossas vidas, o que produzimos, como investimos nosso tempo e energia. As doenças podem surgir com força nesta fase, pois são um alerta para a forma como conduzimos nossa existência até aqui.

10º setênio: 63 anos em diante

O final desta fase é incerto. Irá depender de como conduzimos nossa vida e das escolhas que fizemos nas fases anteriores. O certo é que aqui nos encontramos com o compromisso de fazer nossa entrega final à vida, finalizarmos nossa obra-prima que começou há muito tempo, nas fases distantes de nossa vida. O certo é que iremos terminar nossa jornada na Terra nesta fase, para começarmos outra jornada mais adiante. O final de hoje nada mais é que o início de um novo ciclo. Outra oportunidade de aprendizagem, novas experiências e de nos tornarmos pessoas cada vez melhores, num contexto de intensa consciência e integração com o Todo.

A escolha da formação profissional

Trabalhar nosso autodesenvolvimento não pode ser feito de qualquer forma, sem critérios ou métodos, pois, se fizermos isso de qualquer jeito, perderemos muito tempo e seremos pouco efetivos.

Veja aqui uma proposta de metodologia para traçarmos um plano de autodesenvolvimento.

Tudo começa pela escolha da nossa palavra de poder. E o que é nossa palavra de poder? É uma palavra que resume nossa jornada nesta existência. Normalmente expressa nossos valores e aquilo que é mais importante para nós. Ela será um guia para que possamos definir quais conteúdos, práticas e cursos que faremos em nossa vida, com a finalidade de atender nosso Propósito na existência atual.

Se utilizarmos o Eneagrama como referência, cada um dos nove tipos possui palavras-chave que podem ser transformadas em palavras de poder.

Tipo 1: ensinar, educar, transformar.

Tipo 2: apoiar, prover, ajudar.

Tipo 3: produzir, empreender, performar.

Tipo 4: criar, surpreender, afetar.

Tipo 5: analisar, descobrir, testar.

Tipo 6: organizar, planejar, acompanhar.

Tipo 7: experimentar, alegrar, inovar.

Tipo 8: liderar, proteger, empoderar.

Tipo 9: integrar, mediar, pacificar.

A palavra de poder nos dará uma referência, então poderemos definir nosso foco ou público-alvo. Por exemplo, nosso trabalho terá como foco a educação de crianças? Criação de uma empresa? Atuação profissional? Estudos espirituais?

Em seguida, dividiremos os conteúdos entre acadêmicos e livres. Nos conteúdos acadêmicos será importante a escolha de uma formação que irá constituir nossa profissão e que esteja alinhada com a palavra de poder e foco/público-alvo. Por exemplo, se quisermos analisar a possibilidade de uso e transformação de novos materiais na construção civil, iremos escolher conteúdos acadêmicos ligados à engenharia, arquitetura, design de interiores etc. E os conteúdos livres, que apoiarão os conteúdos acadêmicos, poderão tratar de pesquisas sobre materiais sustentáveis, biodiversidade, entre outros.

Finalmente, é importante uma visita no Mundo do Céu para verificar como nosso projeto de autodesenvolvimento irá contribuir para que sejamos pessoas melhores e para a transformação planetária.

Um plano de autodesenvolvimento com foco em nossa palavra de poder, e alinhado com nosso foco/público-alvo, conteúdos acadêmicos e livres, além dos aspectos de um propósito maior do Mundo do Céu, irá contribuir para o nosso crescimento e para a melhoria do ambiente ao nosso redor. Autodesenvolvimento tem relação com aquilo de mais precioso que gostaríamos de deixar ao mundo.

Torne-se um professor

Não há forma melhor de aprender do que ensinando. Seu projeto de autodesenvolvimento deveria considerar sua atuação como professor, facilitador ou instrutor.

Ser um professor significa dominar não apenas os conteúdos a serem ensinados, mas também as metodologias de ensino. Mostramos anteriormente que metodologias ativas de ensino e aprendizado são mais eficazes nos resultados obtidos. É importante que o educador permita ao seu grupo de alunos ou aprendizes, o protagonismo no processo de aprendizagem.

O educador deve trazer o tema de ensino e propor formas para que o grupo discuta as alternativas e chegue às suas próprias conclusões, sempre com o apoio do educador. Estudo de casos e desenvolvimento de projetos são excelentes metodologias para que os alunos assumam a liderança no processo de aprendizado e consigam assimilar de forma efetiva os conteúdos trabalhados.

Outro aspecto importante é a definição dos formatos de aprendizagem. Atualmente, o uso de vídeos, aulas *online* e plataformas de ensino à distância vêm substituindo a tradicional sala de aula, que ainda é importante, mas de forma complementar.

O professor também deve investir no processo de elaboração de suas aulas, utilizando recursos tecnológicos, como plataformas de ensino, instrumentos para *design thinking,* enquetes, além do uso de vídeos e recursos gráficos de apresentação, a fim de criar uma aula estimulante e efetiva na sua forma de ensinar.

Cursos de oratória e dicção também podem ser muito úteis para os aspirantes a educadores, pois a clareza e a ênfase dada na comunicação são fundamentais para que os alunos assimilem os conteúdos e consigam demonstrar efeitos práticos trazidos pelo aprendizado.

É possível também buscar formação acadêmica para a capacitação como professor ou educador, mas, muitas vezes, cursos livres de oratória, produção de vídeos ou condução de projetos com *design thinking* podem ser muito efetivos, além da formação em pedagogia.

Palavras dos Filósofos e Xamãs

Em relação ao autodesenvolvimento, escolhemos o filósofo da educação, Rousseau, e o arquétipo do Mestre, presente no Caminho Quádruplo.

Rousseau

Rousseau é um dos principais filósofos que trata sobre a educação e foi selecionado para trazer uma mensagem sobre o processo de autodesenvolvimento.

Jean Jacques Rousseau, nasceu em Genebra, em 1712, e foi considerado um dos principais filósofos do Iluminismo. Precursor das ideias socialistas e do romantismo, foi considerado o grande pensador da educação e da pedagogia contemporânea. Seus pensamentos influenciaram a Revolução Francesa.

Rousseau apresenta uma nova proposta de educação, enfatizando a necessidade de educar a criança para que se torne autônoma, ou seja, tornar-se sujeito e dona de seu próprio destino, passando a pensar por conta própria. Para o autor, a função da educação é ensinar a criança a viver, aprender e exercer a liberdade.

Para Rousseau, o ser humano não pode ficar preso a um único lugar. A educação deveria prepará-lo para uma vida muito mais ampla e não apenas para se tornar um trabalhador, situado em sua comunidade. A educação deve formar cidadãos para o mundo. Pessoas preocupadas e preparadas para tratar os grandes assuntos que afetam a humanidade.

Rousseau poderia nos dizer: "busque o aprendizado para que você se torne livre e ajude as outras pessoas a se tornarem livres também!"

Xamãs

Vamos entender os ensinamentos do arquétipo do mestre, trazido por Angeles Arrien.

O mestre nos ensina a importância da confiança quando formos definir nosso caminho de autodesenvolvimento. Não se deixe abater por críticas que possa receber, quando você definir como irá investir o seu tempo para desenvolver- se. A confiança faz brotar as outras qualidades da sabedoria, como a clareza, a objetividade, o discernimento e o desapego.

O desapego é a chave para nosso autodesenvolvimento. Significa aceitarmos o que é importante para nós e não nos preocuparmos com a aprovação dos outros. O desapego faz com que as coisas tomem seu rumo e nos traz senso de humor. Quando estamos desapegados, podemos observar calmamente nossa reação diante das situações em vez de nos deixarmos levar por nossas emoções.

Quando nossas emoções não nos controlam e mantemos o bom humor, conseguimos nos interessar profundamente pelos estudos e de forma objetiva. Nosso processo de aprendizado se torna divertido, tudo começa a fazer sentido.

O mestre nos ensina o desapego por meio de quatro leis do espírito. A primeira lei diz que quando formos aprender ou ensinar, quem quer que esteja presente é a pessoa certa para estar lá. A segunda lei afirma que quando formos começar a aprender, é sempre o momento certo. A terceira lei nos mostra que aquilo que descobrirmos no nosso aprendizado é a única coisa que poderíamos ter aprendido. E, finalmente, quando um ciclo do nosso processo de autodesenvolvimento termina, ele simplesmente termina.

O mestre também nos alerta que saímos do lado luz do aprendizado e caminhamos para o lado sombra quando demonstramos atitudes repletas de justificativas de posicionamento, julgamento e controle. O oposto do posicionamento é a flexibilidade; do julgamento é a objetividade; do controle é a confiança. Isto significa que não devemos tentar justificar o caminho de autodesenvolvimento que escolhemos. Ele é o nosso caminho e não dos outros.

O mestre tem sua direção no Oeste, seu elemento é a Água (Emoções), suas criaturas são Seres Aquáticos, sua meditação é feita quando estamos sentados e seu bálsamo de cura é o silêncio.

Plano de Autodesenvolvimento

Reflita sobre possíveis palavras de poder que podem orientar seu plano. Escreva três palavras que representem aquilo que é muito importante para você.

....

....

....

....

Qual o foco do seu autodesenvolvimento? Que públicos irá atender? Lembre-se que todo processo de autodesenvolvimento deve ter um objeto e público "cliente". Isto significa que nosso aprendizado deve estar vinculado com a nossa atuação no mundo.

....

....

....

....

Cursos e conteúdos acadêmicos. Escreva aqui qual trajetória acadêmica está alinhada com sua palavra de poder, foco e público-alvo. Não é obrigatória a escolha de uma formação acadêmica para nosso autodesenvolvimento.

....

....

....

....

Cursos, conteúdos e leituras. Escolha quais conteúdos livres irão auxiliá-lo no seu autodesenvolvimento, que podem ter o formato de cursos, livros ou mesmo a participação em grupos de estudo. Autodesenvolvimento em grupo é sempre mais efetivo e divertido.

....

....

....

....

Aperfeiçoamento de sua habilidade como educador. Escolha cursos ou formações que poderão contribuir para sua atuação como professor, e que representem uma forma de complementar do seu autodesenvolvimento.

....

....

....

....

Alinhamento financeiro. Seu plano de autodesenvolvimento poderá requerer recursos financeiros. Logo, deve estar alinhado com seu plano financeiro, visto anteriormente neste livro. Crie uma linha no seu plano financeiro para investimentos em seu autodesenvolvimento. Não existe investimento melhor do que esse para as nossas vidas.

....

....

....

....

Capítulo 5

O Grande Caminho da Autoconfiança

Introdução

O Grande Caminho da Autoconfiança trata das relações de poder existentes no Mundo do Céu e da Terra. Confiança exige o domínio sobre nosso poder pessoal. Se não possuirmos esse domínio, não teremos poder para nenhum tipo de realização.

As relações humanas nos dois mundos (Céu e Terra) são baseadas em poder. Nada há nada de errado em trabalhar o poder. Pelo contrário, é uma condição es-

sencial para o desenvolvimento de projetos, principalmente, do projeto do nosso Propósito.

Neste capítulo explicaremos as relações de poder do Mundo do Céu, que é um assunto praticamente desconhecido. Muitas vezes, pensamos que não existe hierarquia, governança e relações de poder no Mundo do Céu. Pensamos que existe apenas felicidade e amor naquele lugar, mas os conflitos que vivemos no Mundo da Terra são reflexos das relações que existem no Mundo do Céu. Grupos e egrégoras opostas travam batalhas no Mundo do Céu também. Você imaginaria isso?

Mostraremos quais são as expectativas que o Mundo do Céu tem em relação a nós, habitantes do plano físico terrestre. E trataremos de um assunto importante e diretamente ligado à nossa autoconfiança: o ataque e as formas de defesa contra aqueles seres que não conseguem gerar seu próprio poder e tentam roubá-lo dos outros, os vampiros emocionais. Veremos os diversos tipos de seres que não existem apenas nos filmes. E também mostraremos alguns mecanismos de defesa.

Também mostraremos como o poder é distribuído e compartilhado no Mundo da Terra,. Falaremos dos principais grupos econômicos, sociais e políticos que exercem influência em nosso planeta e seus interesses, que muitas vezes não são os mesmos da maioria dos habitantes do planeta.

Trataremos das crenças limitantes dos nove perfis do Eneagrama, e como elas nos afastam de uma vida com maior poder pessoal e confiança para seguirmos em frente.

Finalmente, traremos algumas dicas sobre a construção da nossa imagem pessoal e como podemos nos transformar em influenciadores digitais, forma atual de praticarmos a influência no mundo por meio da prática da autoconfiança e do nosso poder pessoal.

Este capítulo visa oferecer instrumentos para que tenhamos confiança e coragem de seguir adiante e investir em nosso Propósito ou obra-prima, momento máximo da nossa vivência no Mundo da Terra, com apoio do Mundo do Céu.

O Mundo do Céu

O governo oculto do mundo

Muitas pessoas acreditam que o plano espiritual é um lugar estático, "morto", onde existe apenas a felicidade eterna ou o sofrimento eterno. Aquela visão simplista de dualidade pregada por diversas religiões e cultos.

Os autores que compõem o Mundo do Céu nos mostram que essa situação estática e dualista é apenas uma ilusão. O plano material terreno é uma cópia imperfeita dos planos espirituais, principalmente do plano astral, que é um outro plano bastante material, apesar de ser feito de substância mais sútil do que o plano físico.

Àqueles que esperam que no "além vida" irão ficar tocando harpa, andando por bosques, com pequenas gazelas saltitando por todos os lados, lamentamos informar, mas isso é apenas uma construção mental de algo que não existe na prática.

O plano espiritual possui estruturas organizacionais e de poder muito similares ao plano terreno, porém, a constituição desses organismos político-administrativos é mais ampla e transparente, já que é praticamente impossível mascarar quem você é nos planos superiores, pois cada alma emana a sua luz natural.

Segundo o Mundo do Céu, todos os planos de existência, ou seja, os sete planos já tratados nesta obra, possuem uma hierarquia que governa os mundos, galáxias e até mesmo universos, pois alguns autores defendem a ideia de um multiverso, formado por vários outros universos.

Quanto mais sutis forem os planos espirituais, ou seja, plano astral, mental inferior, mental superior ou causal, búdico e átmico, mais nobre e sublime será a estrutura político-administrativa e mais próximas estarão das leis e diretrizes da Fonte Criadora e do Amor Universal.

É praticamente impossível tentar discorrer sobre a estrutura hierárquica dos planos mais sutis, não existindo praticamente nenhuma literatura à disposição. Contudo, é possível tratar sobre a hierarquia do plano astral próximo à Terra, lembrando que cada planeta habitado possui sua própria hierarquia.

A hierarquia do plano astral da Terra é chamada por muitos autores de Governo Oculto do Mundo, pois não é do conhecimento da maioria das pessoas, exceto dos aprendizes das ciências espirituais e iniciados nas diversas sociedades secretas.

Os governos do plano material terrestre são um reflexo dos governos do plano astral. Líderes que vieram à Terra para promover seu progresso são diretamente influenciados pelos líderes do astral com o mesmo objetivo. Os líderes que trazem à Terra desgraças e genocídio também estão sendo influenciados pelos seus pares do astral. É a Lei da Atração.

Como nosso objetivo é divulgar conhecimentos fundamentais para que a vida na Terra faça sentido e para que tenhamos motivação de elaborar nosso projeto de Propósito, vamos abordar esse polêmico e obscuro assunto.

O governo do Plano Astral

Não queremos cair em outra dualidade, mas para simplificarmos a explicação, é possível dividir a hierarquia do plano astral da Terra em dois grandes grupos: o primeiro grupo é formado por seres altamente evoluídos, muitos deles oriundos de outros planetas ou galáxias, e que possuem canal direto com a Fonte Criadora. Seu objetivo é ajudar no processo de desenvolvimento do plano físico da Terra, disseminando valores universais, como amor, justiça, liberdade, igualdade e fraternidade, entre outros. Essa complexa hierarquia foi chamada por muitos líderes espirituais como a Hierarquia dos Iluminados ou Grande Fraternidade Branca.

Sim, os líderes que já habitaram o plano físico terreno são membros dessa hierarquia de seres iluminados e habitam nosso plano periodicamente para ajudar no nosso processo de desenvolvimento, trazendo ensinamentos, e, principalmente, mostrando na prática como é ter uma vida baseada numa grande causa humanitária, ou se quisermos dizer, viver seu Propósito de forma plena.

A Grande Fraternidade Branca não possui seu nome ligado a nenhuma etnia, pois, no plano astral, elas não existem. As pessoas apenas emanam sua luz interior, independente de etnias, orientação sexual, gênero etc. Nenhuma dessas divisões faz sentido no plano astral, apesar dos seres neste plano não tão sutil costumarem manter a forma que possuíam em sua última experiência terrena.

A Grande Fraternidade é formada por almas sábias que já viveram muitas experiências em diversos orbes terrestres e que conseguiram vencer os desejos do ego e da personalidade, tornando-se servidores do Plano Maior e governadores de setores do Universo. O planeta Terra possui sua própria hierarquia.

Os governadores da Grande Fraternidade Branca há muito descobriram que lutar por poder, ambição e ganância não passa de uma ilusão construída pelo nosso ego, que sente-se frágil e inseguro, e, por isso, luta por poder, dinheiro e reconhecimento. No fundo, os governantes do plano físico da Terra, que ainda estão presos a estas correntes, são como crianças assustadas, em busca de afeto e proteção.

Os membros da Grande Fraternidade dirigem cidades astrais, comitês temáticos, que tratam das diretrizes principais do plano terreno, como justiça social, sustentabilidade, inovação e evolução tecnológica. Isto quer dizer que as descobertas e diretrizes que os governantes terrenos definem e seguem no plano físico, são inspirados e coordenados pela Grande Fraternidade, que procura orientar os moradores do plano físico, para que tomem as melhores atitudes visando o bem comum.

Existe outro lado do governo do plano astral, formado por lideranças oriundas do plano terreno que ainda estão presas às armadilhas do individualismo e ganância do ego humano. Esses seres habitam os segmentos mais densos do plano astral; aquelas regiões denominadas pelas religiões de inferno, purgatório ou umbral.

As pessoas, quando se desligam do plano terreno, ou morrem, no termo popular, não mudam sua essência. Se foram gananciosos, continuam a ser; e se foram pessoas abnegadas, também o serão após seu desligamento do plano físico.

Todas as pessoas muito individualistas, violentas, criminosas e que não conseguem enxergar a dimensão da solidariedade e coletivismo na vida, continuarão sendo assim no plano astral. É como se fosse o filme *Guerra nas Estrelas*, com o Lado dos Cavaleiros Jedi que buscam a justiça e cooperação, e Darth Vader e o Imperador, com desejos de dominação e opressão. Os autores de filmes e livros certamente são inspirados pelo plano espiritual ao escreverem suas obras.

Existe um tipo especial de seres, chamados de guardiões ou mesmo de exus, pela Umbanda, que transitam entre os dois planos do governo oculto, resgatando almas, negociando entre as partes, buscando manter o equilíbrio entre as diversas formas de existência.

Como é possível ver, para desenvolvermos autoconfiança é preciso entender o que está por trás da existência na Terra. Agora fica mais fácil entender por que estamos aqui e o que se espera de nós. Começa a fazer sentido buscarmos a elaboração do nosso projeto de Propósito.

O que está em jogo no Plano Espiritual?

Quando falamos em plano espiritual, estamos nos referindo à vida nos outros planos de existência, além do plano físico. O sistema político, econômico, social, tecnológico, entre outros que existem no plano físico, são uma pálida imitação dos sistemas dos planos mais sutis.

Ao desenvolvermos esses sistemas no plano terreno, estamos tentando reproduzir, mesmo que de forma inconsciente, os sistemas de governança e adminis-

tração dos outros planos. Ideais de liberdade, igualdade e fraternidade, que povoaram a Europa no século 18 e se espalharam por todo mundo, seguem a mesma lógica existente nos outros planos.

Os ideais do socialismo, que também tiveram influência do Iluminismo, e buscaram implantar sistemas econômico-sociais mais justos, foram outra tentativa de reproduzir as premissas dos sistemas sociais e científicos dos planos sutis.

A humanidade no plano físico da Terra, e de outros orbes, busca a transformação do planeta e os grandes líderes que aqui habitam, ligados à Grande Fraternidade Branca e seus grupos dirigentes, trazem as mensagens de mudança, equilíbrio, justiça e amor que fundamentam os planos sutis.

Mas o plano físico da Terra ainda está dominado por grupos sociais, políticos e econômicos que atuam contra o movimento de renovação planetário, pelo fato de seguirem o comportamento do ego, que acredita na escassez e na exploração como formas de buscar a evolução social por meio de um sistema de acumulação que gera disparidades, desequilíbrio e concentração da riqueza.

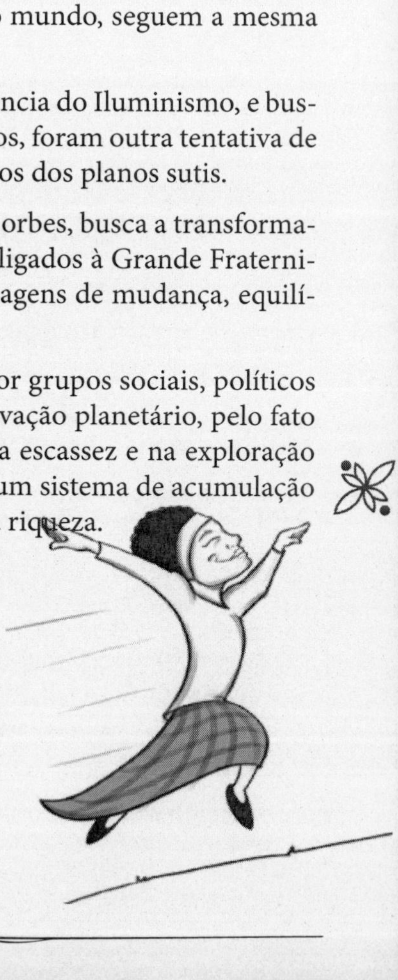

Mas o que está em jogo nos planos sutis?

O Mundo do Céu fala do movimento existente nos planos sutis de aproximação e integração dos diversos seres com a Fonte Criadora. O Universo está em expansão e a vida nele, ou nos diversos universos, também está em expansão.

Segundo nossos amigos, que trouxeram o conhecimento do Mundo do Céu até nós, a Fonte Criadora gerou toda a vida que se tem conhecimento, baseada no fundamento do Amor Universal, um sentimento profundo de pertencimento, integração e coexistência. Quando conseguimos vivenciar esse sentimento, sentimos a autoconfiança nos invadir. Sentimos fortaleza, coragem e determinação para seguir adiante.

Todos os planos de vida dos diversos confins do Universo seguem a busca por essa integração cósmica num movimento de retorno para o Lar, para nossa casa. Mas mesmo os planos sutis possuem desafios a serem vencidos, pois existe livre-arbítrio e os diversos segmentos que habitam os diversos planos podem seguir o caminho que acharem melhor.

Isto explica por que o plano físico da Terra continua buscando uma saída para seus desafios e o caminho a ser trilhado não é uma unanimidade. Surgem e desaparecem as Nações hegemônicas na Terra a cada período histórico e novos modelos são testados, apesar de existir um sentimento de que os seres humanos não conseguem implantar sistemas sociais inclusivos e equilibrados.

Os princípios que regem os planos de vida do universo

Alguns princípios estão presentes em todos os sistemas dos diversos planos de vida no universo. São eles:

Princípio da integração

Mostra que toda a vida, independentemente do plano ou da localização no universo, está interligada e é interdependente. O fluxo normal seria o equilíbrio, exceto quando existem iniciativas de concentração de riqueza e poder, o que traz o desequilíbrio em todas as suas formas.

Os movimentos sociopolíticos que surgiram na Terra nos últimos anos, visando levar à igualdade e à eliminação das injustiças, foram influenciados pelo Princípio da Integração. Os líderes espirituais que surgiram em nosso plano também falavam no amor a todos, sem distinção, na cultura da Paz e no fim das injustiças. Todas as iniciativas de mudança planetária foram inspiradas no Princípio da Integração, por mais que tenham se perdido no caminho.

Princípio do aprendizado

As conquistas dos seres e sua jornada rumo à Fonte Criadora ocorre pela experimentação em diversas existências. O plano físico e os demais planos sutis são um cenário para que possamos nos "apresentar". É como se fosse um grande laboratório para a experiência dos seres.

Todo o processo da jornada para a Fonte Criadora é fundamentado pelo aprendizado, que é obtido pelas diversas experiências que temos. O caminho visa que o ser não seja dominado apenas pelos desejos da vida transitória do ego, mas que, aos poucos, possa se aproximar do caminho espiritual que leva à busca pelo equilíbrio, harmonia e demais premissas do princípio anterior, que trata da integração.

A jornada dos seres ganha sua inteligência a partir do momento que aprendemos com nossas experiências e escolhas, mesmo aquelas que possam parecer um erro ou equívoco quando ocorrem.

Princípio da vontade

Todos os seres, em graus diferentes, possuem a capacidade de dedicarem-se aos seus projetos e ao seu Propósito. Essa possibilidade existe porque os seres possuem a liberdade de expressarem sua vontade e tomam atitudes baseadas neste princípio.

A vontade é o princípio que origina nossas ações. Sem o poder para termos vontade e agir de acordo com ela, nada seria criado, não haveria mudanças, inovação e a vida não se renovaria. A autoconfiança é a vontade manifestada. Representa nova energia criadora, criativa, regeneradora e transformadora.

O princípio da vontade pode causar problemas sérios para os planos de existência quando seu desenvolvimento é insipiente e raso, e se inspira nos desejos imediatos e individualistas do ego. Logo, para os princípios agirem com potência, precisam atuar em conjunto.

O princípio da vontade gera a ação, que deve ser pautada pelo princípio da integração, a fim de que gere resultados positivos para todos, e trabalhar em conjunto com o princípio da aprendizagem, que irá enriquecer a jornada pelo conhecimento adquirido e pela sabedoria gerada.

Sabedoria é o resultado do Princípio da Vontade, inspirada pelo Princípio da Integração e sustentada pelo Princípio da Aprendizagem.

Consigo sabedoria quando minhas ações geram resultados coletivos e aprendizagem para mim e para todos.

EU QUERO (VONTADE e AÇÃO), juntamente com a busca por integração. EU AMO (INTEGRAÇÃO e EQUILÍBRIO) faz com que seja desencadeada uma corrente de aprendizado disseminado EU APRENDO (EXPERIÊNCIA E SABEDORIA).

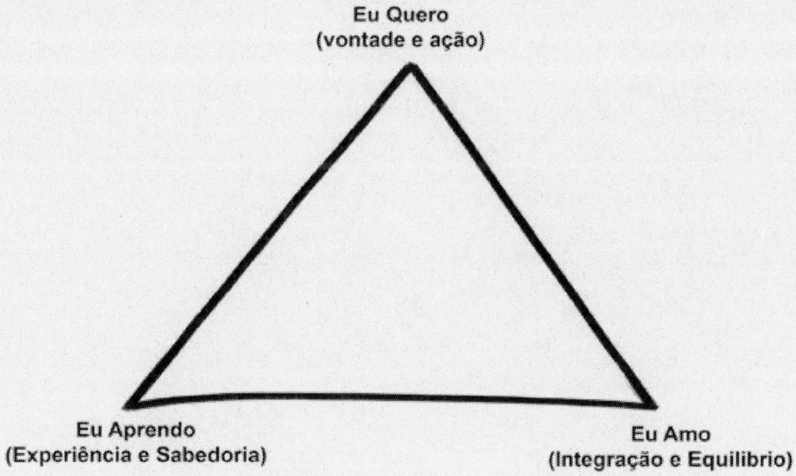

Está em jogo nos planos espirituais um movimento rumo à Fonte Criadora que exige Vontade, Integração e Aprendizado. A autoconfiança é o motor de todo o processo, que baseado na vontade mobilizadora, na integração e no aprendizado, possibilita colocar em prática nosso Propósito.

Os vampiros emocionais

O Mundo do Céu nos mostrou como ele está organizado e o que busca. Também foi dito que no mundo físico, e em alguns setores dos outros planos, existe uma reação ao movimento natural de rumarmos à Fonte Criadora. Isto ocorre quando os desejos limitados e imediatos do ego dominam nossa capacidade de agir.

Por que o ego domina nossa capacidade de agir? Porque somos imaturos e inexperientes para colocarmos nossa energia naquilo que é eterno e inclusivo. O desvio é o resultado do sentimento de isolamento e solidão que temos por acreditarmos que a vida é uma guerra, que não temos apoio e estamos sós e que não teremos recursos para atingir nosso Propósito. Esses são os princípios do ego: sentimento de escassez, não pertencimento e impotência.

Quando somos invadidos por essas ilusões do ego, tentamos buscar o equilíbrio da melhor maneira possível. O caminho duradouro seria colocarmos nossa Vontade à serviço da Integração por meio do Aprendizado. Contudo, como isso não é claro para a maioria dos seres e como nos sentimos impotentes para a jornada, tentamos conseguir esse equilíbrio de forma "torta". A visão limitada do ego faz com que nos tornemos "vampiros emocionais", como se fôssemos predadores, ou mesmo abutres, que se alimentam dos restos dos outros seres.

Todos os seres presos ao individualismo, à escassez e à impotência, buscam o equilíbrio de forma dramática, sugando energia vital, aquela que existe no plano etérico ou energético, na forma de "vampirização".

Os vampiros emocionais ou energéticos se alimentam da vitalidade das suas vítimas por meio da extração do seu fluido vital ou energético. É bom lembrar que os vampiros emocionais habitam o plano terreno e os setores mais sombrios do plano astral. Logo, existem vampiros ao nosso lado, aqui no mundo físico, e outros no astral, que vampirizam moradores daquele plano ou do plano terreno, por afinidade.

O vampiro usa uma de várias táticas de aproximação da sua vítima, procede a extração da sua energia e vai embora realizado e saciado (mesmo que de forma temporária), deixando sua vítima cansada, desorientada e, até mesmo, enferma.

Como o vampiro emocional é "ego-centrado", age como se fosse a única pessoa no mundo, somente ele sofre, é incompreendido ou, então, sente-se a única pessoa que possui valor. No fundo, é um comportamento infantil que deveria ter sido resolvido na tenra infância.

Veja os principais tipos de vampiros emocionais:

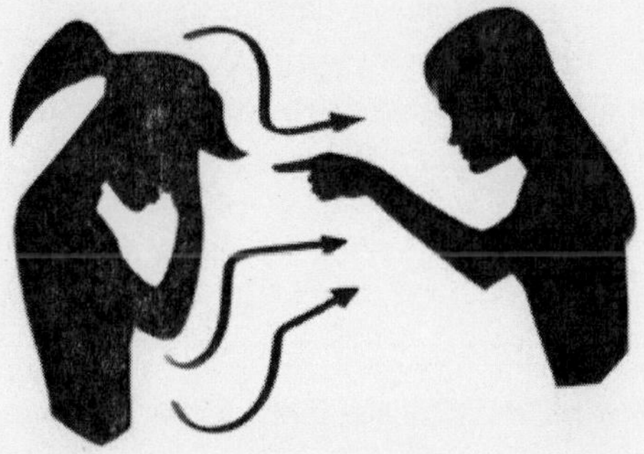

Vampiro vítima

Aproxima-se sempre das suas presas mostrando seu sofrimento, a dureza da vida, como tudo dá errado para ele. Ele tenta fazer as outras pessoas se sentirem, de certa forma, responsáveis pelas suas desgraças e com a obrigação de ajudá-los, ou mesmo aturá-los. Normalmente se lamenta a todo momento, fala compulsivamente das suas desgraças e vive como se fosse a única pessoa com problemas no mundo. No Eneagrama, todos os tipos, em situações de desequilíbrio e sombra, podem agir como vítimas por não conseguirem viver sua vida com potência, isto é, com vontade, integração e aprendizado.

Vampiro algoz

Em vez de utilizar a lamentação, mostra-se um ser traído, sem pessoas em quem possa confiar. Então encara todos como inimigos, pessoas que estão prestes a traí-los, enganá-los. O vampiro algoz sempre fará muitas perguntas para sua vítima, tentando pegá-las em contradição. Ou então irá sempre testar sua competência, com provas a todo momento. Quando recebe alguma queixa pelo seu comportamento, irá responder com ira pelo fato de achar que possui pessoas fracas e inúteis a sua volta. Quanto mais sofrimento e assédio causar, mais irá se sentir satisfeito, pois, além de sugar a energia da vítima, terá provado que está cercado de pessoas incompetentes e sentimentais, fracos por natureza.

Vampiro inflado

Este vampiro sente no fundo um complexo tão grande de inferioridade e tanta insegurança, que tentará mostrar o contrário, passando uma imagem de pessoa independente, de sucesso e com realizações superiores a todas as outras pessoas. É aquele tipo que não consegue falar de nada que não seja ele mesmo e contar vantagem o tempo todo. Tudo dele é melhor, sua casa, carro, emprego, cônjuge, filhos. Realmente, ele "se acha". Mas tudo isso não passa de insegurança e de um sentimento profundo de impotência e falta de valor.

Vampiro BBB

Alimenta-se do seu desempenho nas redes sociais. Tudo por uma curtida, novos seguidores. Sempre irá postar fotos maravilhosas em locais paradisíacos, mesmo que muitos deles sejam *fake*. Aliás, o mundo desse vampiro é uma realidade virtual. Irá investir em roupas caras, carrões, seu corpo e sua aparência são seu cartão de visitas para conseguir mais curtidas e seguidores. O vampiro BBB tem a capacidade de fazer várias vítimas ao mesmo tempo, com o uso das redes sociais.

Vampiro sabidão

Ele se acha o mais sábio de todos os seres humanos. Para tudo tem um conselho, gosta de citar autores, mas é nítida a ausência de palavras de sabedoria saindo da sua boca. Os princípios da vontade, integração e aprendizado não existem para o sabidão, porque ele já nasceu sábio, tudo conhece e a todos domina. Esse vampiro costuma se dar bem nos templos e na política, pois consegue enganar e ludibriar sua plateia. É muito fácil pegá-lo em contradição, basta provocá-lo para que discorra um pouco sobre a essência das suas palavras e ficará nítido que são apenas palavras vazias.

Poderíamos relacionar outros tipos de vampiros, mas esses foram apenas para ilustrar figuras que encontramos em nosso dia a dia. Podem ser familiares, gestores no nosso trabalho, políticos, empresários ou quaisquer outros tipos. O importante é ressaltar que a dificuldade em conectar-se ao todo, viver uma vida com propósito e aprendizado, cria essas pessoas e devemos nos precaver para não sermos suas vítimas e, principalmente, não nos tornarmos iguais a elas.

Instrumentos de poder pessoal

Este capítulo fala sobre como conseguimos autoconfiança pela visão do Mundo do Céu. Isso passa por compreendemos os princípios que regem o universo e sentirmos que temos poder para agirmos efetivamente.

A autoconfiança surge quando a vontade está presente em conjunto com o sentimento de integração e pertencimento, apoiados por um ambiente de aprendizado. Vamos agora, trazer algumas recomendações simples e práticas para auxiliar na construção da nossa autoconfiança e afastamento dos diversos tipos de vampiros emocionais. São os instrumentos de poder.

O Mundo do Céu traz a possibilidade de utilizarmos objetos ou práticas focadas na natureza, para serem nossos instrumentos de poder e atuarem como verdadeiros talismãs ou armas contra as tentativas de vampirização que recebemos em todos os momentos.

Cores

As cores amplificam o estado de ânimo ou ajudam a transformá-lo radicalmente. Toda vez que você for a lugares com baixa energia, muita bebida e baixa vibração, utilize roupas escuras, porque o preto tem a capacidade de agir como um escudo, não deixando que a energia seja drenada. Quando tiver que conviver em lugares frequentados por pessoas poderosas e muito influentes, utilize o azul índigo, cor que representa o poder e a vontade e, dessa forma, você será mais bem acolhido. Quando precisar de energia criativa ou quiser espantar os vampiros vítimas, escolha cores vivas, como o laranja, amarelo, vermelho ou mesmo o marrom, que representa o elemento terra e o deixará "aterrado" contra aquelas pessoas nocivas.

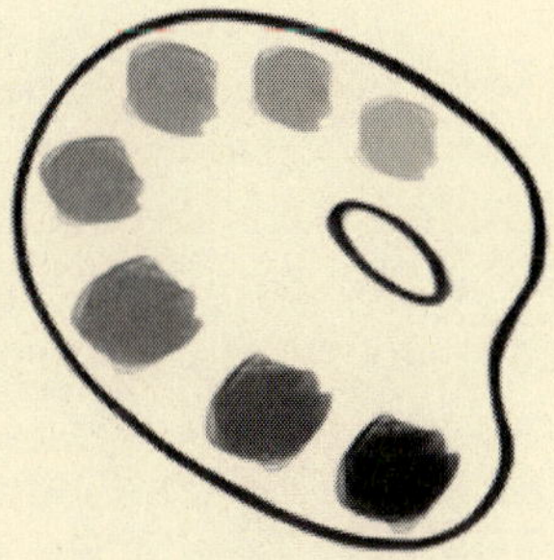

Cristais

Os cristais possuem grande poder para transformar a energia ao redor. por exemplo, ter em sua mesa de trabalho uma turmalina negra na sua forma bruta, atua como um imã para energias de baixa vibração ou estagnadas e irá protegê-lo contra o pelotão de vampiros emocionais que está sempre pronto para agir. O cristal branco potencializa a energia que estiver a sua volta, mas utilize-o apenas quando estiver num ambiente limpo e saudável. A ametista bruta é excelente para lhe trazer inspiração para trabalhos ligados à espiritualidade e autoconhecimento. Outra pedra muito interessante é o quartzo rosa, bruto ou como pedra rolada, em ambientes onde existam crianças ou que deve emanar muito amor e harmonia

Música

As músicas são verdadeiros bálsamos e elas têm o poder de mudar totalmente a vibração do ambiente. Para ambientes de estudo, música clássica ou a chamada *new age* é excelente para inspirá-lo. Quando estiver sentido-se triste ou deprimido, coloque músicas inspiradoras e com ritmo que o estimule a mexer-se e dançar. A música pode ser sua companheira em tudo que fizer na sua vida, como trabalhar, estudar, meditar, se divertir, namorar ou dormir. Apenas tenha o bom senso de escolher a música adequada para cada ocasião e abuse de boas músicas.

Livros e grupos de estudos

Livros podem ser considerados um instrumento de poder. Bons livros, assim como as músicas, mudam seu astral, e principalmente, trazem conceitos e conhecimentos que ajudarão no seu aprendizado. No Mundo do Céu, existem autores quase que obrigatórios, assim como no Mundo dos

Filósofos e no Mundo da Terra. Se quiser livros que irão inspirá-lo, busque aqueles que tratam de alguma forma dos princípios universais de estímulo à vontade, integração e aprendizado. Cuidado com livros rasos e que pretendem ajudá-lo a ser uma pessoa de sucesso e muito dinheiro. Normalmente, esses livros enriquecem apenas os seus autores.

Os grupos de estudos são o apoio social tão importante às nossas vidas. Você poderá tratar de assuntos existenciais e irá interagir com pessoas que buscam coisas parecidas com você. Tornar um grupo de estudos também um grupo social irá enriquecer sua vida e a qualidade das suas reuniões de amigos. Bons amigos são aqueles que o ajudam na sua jornada. Então escolha um grupo de estudos ou forme um e comece o processo de aprendizado em conjunto com pessoas que irão apoiá-lo em sua vida.

O Mundo da Terra

Como o poder se distribui pelo mundo

No Mundo do Céu, vimos como o poder está estruturado, suas hierarquias e o propósito da sua governança. Aqui, no Mundo da Terra, vamos fazer o mesmo estudo sobre a estrutura de poder no plano material da Terra. É importante que você, peregrino rumo ao seu projeto de Propósito, entenda quem manda no Planeta Terra.

A primeira coisa que devemos dizer é que o propósito do poder no Mundo da Terra não tem relação alguma com o Mundo do Céu. A governança dirigente do Mundo do Céu visa ajudar a todos os seres a se aproximarem da Fonte Criadora, por meio dos três princípios universais: vontade, integração e aprendizado. O propósito é munir os seres de vontade para aprender e se aproximar como uma comunidade. No Mundo do Céu não faz sentido falar de crescimento econômico, produção, carreira, emprego, pois esses conceitos estão relacionados a planos de matéria grosseira, como o nosso.

No Mundo da Terra, o primeiro aspecto importante é que os recursos são limitados, as necessidades são quase infinitas e isso faz com que as nações ricas e os extratos da sociedade com dinheiro e posses tentem acumular o máximo possível, mesmo que apenas uma pequena parte possa enriquecer em detrimento do restante que não terá suas necessidades atendidas.

O poder no Mundo da Terra é baseado na ambição, exploração dos recursos naturais, concentração de renda e manutenção das desigualdades. Obviamente, existem forças que tentam mudar essa situação, inspiradas pelo Mundo do Céu, mas não são forças hegemônicas.

Veja a seguir os principais agrupamentos de pessoas que comandam os destinos das nações por todo o mundo.

Conglomerados financeiros

São grupos de empresas com capital internacional que comandam os principais setores da economia, envolvendo bancos, empresas de tecnologia, indústrias, setor de serviço, entre outros. Boa parte dos investimentos em inovação surge desse setor, que é um dos mais avançados do mundo. O setor financeiro possui dois tipos básicos de clientes: os que precisam de dinheiro e crédito, como as empresas, governos e famílias; e pessoas que possuem recursos acumulados e buscam oportunidades de investimentos. Os setores com maior poder financeiro conseguem melhores taxas de juros e isenções, fazendo com que seja intensificado o processo de concentração de renda pelo mundo. Políticas governamentais deveriam proteger os setores mais vulneráveis, como as micro e pequenas empresas e as famílias de baixa renda, e, assim, promover um maior equilíbrio no sistema.

Mídia

Grandes grupos que comandam os canais de televisão, jornais e os canais de *streaming*, que produzem conteúdo para as famílias. Esse grupo é responsável pela disseminação do modelo econômico e ideológico dos países. Quanto maior for a pluralidade de opiniões na mídia, mais rica será a informação produzida. Governos com viés autoritário costumam atacar a mídia livre, pois não toleram as críticas que são normais em um sistema democrático. O surgimento das informações falsas, as chamadas *fake news*, abriu uma porta para que mentiras sejam divulgadas e ideologias extremistas sejam promovidas.

As Igrejas

Grupos que defendem sua versão da Fonte Criadora e a propagam pelo mundo. Quando falamos de igrejas, não estamos nos referindo apenas ao Vaticano, mas também às diversas igrejas pentecostais, muçulmanas e das demais religiões que existem no mundo. O discurso das igrejas normalmente possui um caráter conservador e, apesar de terem como função orientar espiritualmente as pessoas, não apresentam uma explicação abrangente sobre o Mundo do Céu, exceto para grupos seletos. As diversas igrejas possuem uma participação política bastante ativa, influenciando a leis, a organização do Estado e, no caso brasileiro, assumindo posições crescentes nos Três Poderes: Executivo, Legislativo e Judiciário.

Os políticos

São representantes do povo nos poderes Legislativo e Executivo, do Governo Federal, Estados e Municípios. Esse é o único público eleito por outras pessoas, logo, não são uma classe homogênea. Cada político defende os interesses do grupo de pessoas que o elegeu, o que chamamos de corporativismo. São poucos os políticos que possuem uma visão ampla dos interesses da população e que os defendem. O fisiologismo é um fenômeno que explica a forma de atuar da maioria dos sistemas políticos, em que grupos de interesse oferecem vantagens a determinados políticos e conseguem, assim, aprovação de leis e projetos, o chamado *lobby*. Quanto mais aperfeiçoado for o sistema democrático dos países, melhor será a atuação da sua classe política.

Outros grupos de poder

É possível destacar outros grupos de poder com forte influência na cultura e na condução social, política e econômica dos países. A burocracia estatal é um destes grupos, formado pelos chamados servidores públicos, e que tem como missão gerir a máquina pública, apesar das críticas que são feitas em relação à sua eficiência.

Outro grupo de poder importante é a comunidade científica e acadêmica, responsável pela pesquisa e produção científica, e que influencia os governos e a condução das políticas públicas.

É possível também destacar as associações de classe e os sindicatos que defendem seus associados e filiados, principalmente junto aos governos e na política social e econômica.

Finalmente, existem os diversos grupos de pressão, como os ambientalistas, movimento estudantil, movimentos sociais e políticos diversos com o objetivo de terem suas pautas atendidas junto à sociedade.

A busca pela autoconfiança e pela autonomia passa pelo entendimento das formas de poder que movem o mundo, a fim de que nosso Propósito possa influenciar de alguma forma os sistemas sociais, políticos e econômicos hegemônicos pelo mundo.

Vencendo as crenças limitantes

Crenças são "verdades" que criamos em nossa formação psicológica e social. Por exemplo, se nascemos e crescemos em uma família onde o pai e a mãe sempre trabalharam de forma intensa e honesta e, com seu exemplo, mostraram para nós a importância do trabalho duro e da honestidade, provavelmente teremos grande chance de desenvolver a crença de que "apenas o trabalho duro e a vida honesta valem a pena e nos levarão a algum lugar".

Crenças importantes para nossa vida são transformadas em valores, representação mais efetiva e significativa para nós. No exemplo anterior, a crença numa vida de trabalho intenso e honestidade, desenvolverá em nós, como principais valores, o "trabalho" e a "honestidade".

A contribuição do Mundo do Céu para esta análise está no fato de que nossas crenças e valores não dependem apenas da influência que recebemos dos nossos pais e do meio social. Como o ser humano possui muitas vidas, no fenômeno chamado de reencarnação, trazemos para nossa vida atual, influências de tudo aquilo que vivemos em outras existências. A criação dos nossos pais possui o efeito de moldar nossa personalidade, mas não garante que haja uma transformação total em nossa essência.

Crenças limitantes são aquelas que promovem um comportamento repetitivo e pouco criativo ou nos impedem de criar o melhor de nós nessa vida, ou seja, dificultam a execução do nosso Propósito. As crenças limitantes podem ser trazidas de outras existências ou criadas e reforçadas na existência atual.

Crenças limitantes mais comuns aos 9 tipos do Eneagrama

O **tipo 1** desenvolveu a crença de que veio ao mundo para reformá-lo, numa atitude missionária. Essa crença pode trazer muita pressão para sua vida, pois cria, de forma inconsciente, a sensação de que não pode falhar, pois o mundo já tem erros suficientes para que criemos mais alguns. A pressão por perfeição e uma vida sem nenhum deslize impede que tenhamos alegria, descontração e diversão em nossas vidas. Em situações extremas, pode também criar em nós um certo toc (transtorno obsessivo compulsivo) sobre o hábito irresistível de consertar e organizar tudo ao nosso redor. Um quadro torto na parede, por exemplo, pode trazer palpitações para um número 1 em seu estágio de desequilíbrio ou sombra.

O caminho de luz ao tipo 1 passa por viver a jornada do tipo 7, que acredita na diversão, descontração e alegria. O tipo 7 leva uma vida sem tanta pressão por acertos, porque o que importa para ele é experimentar, descobrir, desbravar.

O **tipo 2** possui a crença de que veio ajudar as outras pessoas, pois o mundo possui muita gente que precisa de ajuda. Assim, o tipo 2 assume o papel de servidor do mundo. Sempre estará à disposição para doar-se intensamente e deixar suas necessidades para um segundo plano. A busca por ajudarmos a todos faz com que não deixemos espaço para refletirmos sobre nossas próprias vidas, aquilo que queremos e que nos fará bem. Vivemos uma vida automática, esquecendo de nós mesmos e dando ajuda até para pessoas que não a pediram, o que gera irritação a elas e o efeito torna-se contrário. Acabamos por não nos sentirmos amados e, então, aumentamos a dose da ajuda aos outros. Ou seja, acabamos em um círculo vicioso.

O caminho de luz ao tipo 2 passa pela preocupação consigo mesmo, presente no tipo 4, que coloca sua atenção nos seus sentimentos, sua interação com o mundo e seus reflexos em sua vida. O tipo 4 entende que seu mundo interno é uma prioridade e, para o tipo 2, essa crença pode fazer com que escape da armadilha de esquecer dele próprio.

O **tipo 3** traz a crença em ter um bom desempenho em tudo o que faz. Precisa destacar-se e ser a pessoa de maior evidência em seu meio ou até mesmo na sociedade. A energia do tipo 3 está em mostrar seu valor por meio de realizações, projetos e, assim, a crença no desempenho superior impede que tenha uma jornada como menos pressão e cobrança. Nossa sociedade é extremamente competitiva e a crença do desempenho superior cria pessoas sobrecarregadas e inseguras. Um segundo lugar pode parecer um fracasso e, então, tentaremos nos esforçar ainda mais. Mais uma vez, uma crença limitante cria um círculo vicioso em nossas vidas.

O tipo 3 pode buscar a luz do tipo 6, quando consegue se comprometer com pessoas ou causas independentemente dos seus interesses pessoais. Essa busca legítima e sem o interesse de sucesso traz a autenticidade ao tipo 3 e a pressão por resultados desaparece. A autoconfiança e autoestima finalmente tornam-se uma realidade.

O **tipo 4** possui a crença de que tem uma identidade diferente das demais pessoas e isso faz com que coloque sua energia em seus desejos mais íntimos e em criar uma própria identidade. A autoconfiança torna-se difícil, pois ele enxerga confiança nas outras pessoas e acha que isso lhe falta. O sentimento de que algo está errado e faltando em sua vida faz com que o tipo 4 tenha dificuldades em ter autoestima e sente-se inferior aos demais. Isso limita sua capacidade de se expor, atirar-se para a vida e entregar aquilo que tem de melhor. O tipo 4 possui grandes qualidades, mas precisa por foco em sua potencialidade e deixar de procurar problemas onde não há.

O tipo 4 pode buscar a luz do tipo 1, que enxerga as coisas de forma mais objetiva e disciplinada. A organização inerente do tipo 1 fará com que o tipo 4 pare de ter uma postura apenas subjetiva e possa estruturar sua vida. É preciso também desenvolver a análise e a aceitação da realidade e, então, sua vida não será um castelo de fantasias.

O **tipo 5** possui a crença que a vida deve ser investigada e observada para que, assim, por meio da sua compreensão, ela se torne menos hostil. Ao passar horas observando e estudando a vida, em suas diversas formas, plantas, insetos, máquinas, entre outras, o tipo 5 esquece do seu contato com o mundo externo e esquece que existem outras coisas na vida, como o amor, amizades, interação. O tipo 5 é um especialista. Irá se dedicar àquilo que poderá dominar e compreender melhor. Poderá ser o estudo científico, a música, *games*, desenvolvimento de sistemas, ficção científica, entre outros. Isso irá afastar-lhe mais ainda das pessoas e da relação com o mundo. A crença no estudo e na observação pode tornar-se limitante quando afasta o tipo 5 dos relacionamentos, das atividades físicas e sensoriais.

A luz do tipo 5 pode ser encontrada no tipo 8 quando ele reclama seu lugar no mundo e seu protagonismo na vida. A energia instintiva do tipo 8 leva à força, capacidade de realização e, então, o tipo 5 deixa de ser uma pessoa apenas mental para alguém com outras possibilidades, interação com as outras pessoas e novas oportunidades para ser aquele que busca ser.

O **tipo 6** possui a crença nos perigos da vida e se tornará mais tranquilo quando conseguir o apoio que precisa das outras pessoas. O tipo 6 pode ter dificuldades com a autoconfiança pois sua crença é de que não possuem os recursos necessários para entendê-lo e nele viver de forma plena e autônoma. Na busca por apoio de outras pessoas, o tipo 6 valorizará muito os amigos e a família e sempre estará presente e atuante em seus grupos de apoio. Uma vida com regras e procedimentos irá facilitar a jornada do tipo 6 e tranquilizá-lo quanto às suas escolhas e caminhos a seguir. São fiéis aos amigos, às ideias e às suas convicções, pois o questionamento os colocaria no círculo vicioso da dúvida e da insegurança.

O tipo 6 encontra luz na fortaleza do tipo 9, e seu foco no aqui e no agora, presentes na abordagem instintiva do 9. A capacidade do tipo 9 em ter mais complacência e resiliência com os perigos da vida, pode fazer com que o tipo 6 deixe de ficar inseguro e ansioso. Ele descobre que não conseguirá controlar sempre a situação, então pode relaxar e permitir-se navegar por mares desconhecidos.

O **tipo** 7 é uma pessoa entusiasmada com a vida e suas experiências. Como uma criança em uma loja de doces, mostrará alegria e vontade de viver de forma intensa e se empanturrará com aquilo que puder absorver. São pessoas práticas e envolvem-se com diversas coisas ao mesmo tempo, pois, assim, terão diversas experiências e aproveitarão melhor a vida. A crença de que a vida deve ser vivida intensamente e os estímulos sensoriais aliados a um turbilhão de ideias são uma forma de aproveitarem mais a vida, impede que tenham experiências profundas e mais significativas e de se relacionarem com os outros de forma mais efetiva. Quando enjoa de um brinquedo, ele é descartado.

O tipo 7 pode buscar a luz do tipo 5 quando desacelera sua mente rápida e consegue focar em apenas uma coisa, como faz o tipo 5. Concentração e tranquilidade farão com que o tipo 7 mude o eixo do seu mundo exterior e possa, finalmente, descobrir seu mundo interior e suas necessidades mais íntimas e importantes. Será a maior descoberta que terá em sua vida.

O **tipo 8** procuram os desafios que a vida pode proporcionar na certeza de que estão em campo de batalha. Sua crença é que os obstáculos estão em todo lugar e precisam ser vencidos com muito vigor e assertividade. Seu carisma e sua energia promovem mudança em todos os lugares e exigirão das pessoas ao seu redor o mesmo dinamismo, o que poderá exauri-las. As pessoas deste tipo possuem muito senso de justiça e defenderão seus aliados com toda força e vigor, baseadas na crença de que estão no *front*. O medo de serem controlados e dominados criará a crença de que precisam ser as pessoas que mandam e devem evitar situações de subordinação. Também possuem grande resistência, podendo suportar sem queixas grandes provas físicas ou emocionais.

A luz para o 8 poderá vir do tipo 2 e de seu foco na ajuda às outras pessoas. Quando o tipo 8 abre seu coração, para de ser a rocha invencível e se permite viver sua fragilidade e o interesse em ajudar na construção da fortaleza das outras pessoas. O papel de ajudante mudará o desejo por poder e controle e tornará a vida mais autêntica e plena para o guerreiro 8.

O **tipo 9** possui a crença de que precisa buscar a paz interior e exterior para si e para os outros, pois, assim, irá sentir-se tranquilo perante a vida e seus obstáculos. Apesar da atitude pacífica, o tipo possui grande energia física e resiliência, conseguindo vencer barreiras difíceis para a maioria das pessoas. O *drive* é a crença de viver em paz, mesmo que, para isso, tenha que fazer a guerra. Outra forma de defesa do tipo 9 é perder-se em suas fantasias e buscar a paz pelo adormecimento. Então poderão passar grandes períodos presos a atividades que não irão levá-lo a lugar nenhum. É uma forma de se fingir de morto perante os desafios que surgem em sua vida. A busca por soluções indolores ou simples para seus problemas farão com que não encarem a causa raiz das coisas na vida e tentem acomodar tudo e todos.

A luz do tipo 9 poderá ser encontrada no tipo 3 e sua energia empreendedora, onde descobre que tem seu próprio valor e identidade. O tipo 9 descobre que não precisa mediar todas as situações e esquecer suas necessidades, mas pode reivindicar seu espaço e o atendimento daquilo que lhe é importante. Quando conseguirem energia para investir em seu próprio desenvolvimento se transformarão em um poderoso agente de mudança no mundo.

Investindo na sua imagem pessoal

Imagem pessoal são as impressões que você causa nas outras pessoas. A autoconfiança exige a construção de uma imagem pessoal consistente e efetiva para que você consiga aquilo que busca no mundo.

Seu projeto de Propósito irá depender da sua imagem pessoal, pois será preciso engajar as outras pessoas. Sua imagem não é algo apenas externo, mas deve refletir suas buscas, valores e crenças. Por esse motivo, o autoconhecimento é muito necessário. Vamos concentrar o estudo da imagem na construção do seu projeto de Propósito.

Como vimos no capítulo anterior, a melhor forma de identificarmos nossa marca na jornada atual e construirmos nossa imagem, é nos aproximarmos da nossa palavra de poder, aquele termo ou frase que melhor identifica nossa busca. Como vimos anteriormente, existem algumas possibilidades de palavras de poder, divididos pelos nove perfis.

Tipo 1: ensinar, educar, transformar.

Tipo 2: apoiar, prover, ajudar.

Tipo 3: produzir, empreender, performar.

Tipo 4: criar, surpreender, afetar.

Tipo 5: analisar, descobrir, testar.

Tipo 6: organizar, planejar, acompanhar.

Tipo 7: experimentar, alegrar, inovar.

Tipo 8: liderar, proteger, empoderar.

Tipo 9: integrar, mediar, pacificar.

Vamos supor que escolhemos como nossa palavra de poder, "educar". Isto facilitará em muito a construção da nossa imagem pessoal.

Ao definirmos "educar" como nossa palavra de poder, vamos agora construir um projeto de imagem pessoal.

1. O primeiro passo é buscarmos fundamentação para nossa imagem. Que tipo de educação será oferecida? Qual será o público-alvo? Qual abordagem e metodologia será oferecida?
2. O segundo passo será nossa aproximação com grupos de afinidade. Teremos que construir nossa rede de contatos entre educadores que comungam dos nossos ideais, fazer cursos de aperfeiçoamento e nos relacionarmos com pessoas que irão legitimar a imagem que está sendo construída.
3. O terceiro passo significa trabalharmos em nossa imagem exterior. A roupa que utilizamos, os locais que frequentamos devem estar coerentes com a imagem em construção. Prepare-se para investir em um bom *book* de fotos, pois elas serão muito úteis.

4. O quarto passo significa a consistência da nossa imagem pessoal, então teremos que investir em melhorarmos nossa comunicação pessoal. Leituras e cursos de oratórias serão importantes para a construção do conteúdo da mensagem que iremos passar. A busca por uma boa escrita e oratória, sem vícios de linguagem e erros de português, deverá ser uma meta, principalmente para quem escolheu educar como obra-prima.
5. O quinto passo é a manutenção da nossa imagem pessoal por meio da construção da nossa reputação nos seus meios sociais. A produção de conteúdos e a participação de fóruns educacionais irá torná-lo conhecido no meio de educadores e, desta forma, sua imagem será consolidada.

Como se tornar um influenciador

Tornar-se um influenciador é a consequência de um bom trabalho de construção de imagem pessoal. Ele é o resultado da reputação adquirida após a consolidação do seu trabalho, principalmente com o uso das redes sociais e o mundo da *Internet*.

Passos para se tornar um influenciador

A primeira etapa é ter clara sua palavra de poder e seu Propósito, além de começar o trabalho de construção da sua imagem pessoal, com a captação de imagens, fotos, construção da sua rede de relacionamentos e produção de conteúdo.

Estruture seus instrumentos de comunicação

Palavra de poder: aquela palavra, termo ou frase que identificarão sua jornada. Em nosso exemplo, "educar" foi a palavra escolhida.

Áreas de atuação: defina qual será o objeto de sua atuação e seu público-alvo. Por exemplo, educação ativa para crianças. Essa definição será fundamental para a construção de sua imagem e seu papel de influenciador.

Definição de uma marca: como as pessoas irão encontrá-lo? Qual marca estará associada à sua atuação como influenciador. Exemplo: Educakids. A partir dessa definição, os instrumentos de mídia serão escolhidos.

Instrumentos de mídia: como você irá se comunicar com seu público? Algumas possibilidades:

Website: ter uma página na internet é um caminho essencial para sua carreira de influenciador. www.educakids.com.br

Redes sociais: *Instagram/Facebook:* redes para atingir grandes públicos do seu projeto. Aqui você irá atingir a comunidade de quem tem afinidade com educação de crianças em sistemas ativos, como pais, professores e até mesmo as próprias crianças.

YouTube: Ter um canal para vídeos no *YouTube* também é uma ação importante quando se pensa na carreira de influenciador. Ter uma programação de vídeos na forma de trilhas de conhecimento pode ser uma forma muito interessante de divulgar seu trabalho.

LinkedIn: canal essencial para a divulgação da sua atuação profissional. Parceiros, ou até mesmo empregadores, poderão encontrá-lo nesta que é a principal rede social para assuntos profissionais.

Livro: um passo importante, e que poderá vir após sua consolidação como influenciador, é a publicação de um livro, que pode ser feito em meio papel ou *kindle* (formato para leitura online) ou em ambos. Atualmente existem muitas editoras especializadas por assunto e publicar um livro não é muito difícil. Existem duas possibilidades, a primeira é você mesmo arcar com os custos da edição e contratar uma editora para o processo; a segunda é conseguir vender seu projeto para uma editora, que arcaria com os custos da edição e você ainda poderá ganhar um valor de participação na obra. Tudo irá depender do quão atraente seu projeto é encarado pelas editoras.

Palavras dos Filósofos e Xamãs

Traremos neste tópico as palavras de um filósofo que dedicou sua vida a estudar as relações de poder, Foucault; e pelo xamanismo, a palavra do Guerreiro.

Foucault

Michael Foucault, filósofo francês do início do século 20, dedicou sua vida à cátedra e à filosofia. Seus estudos e reflexões exploraram a relação entre poder e conhecimento e seu uso para o controle social por meio das instituições. Foi um autor crítico da modernidade e suas ideias inspiraram os movimentos sociais e de luta pelos direitos civis na França e em todo o mundo.

Para Foucault, o poder das instituições hegemônicas obtinha o controle social por meio das leis, que eram elaboradas de acordo com os interesses dos grupos dominantes. A lei que proíbe o aborto atende aos interesses de grupos ligados a certas igrejas, assim como o direito à propriedade privada fundamenta o sistema econômico de mercado.

As instituições introduzem seus interesses na sociedade por meio de conceitos abstratos que se transformam em verdades e são legitimados pelo sistema de leis. Assim sendo, qualquer tentativa de mudar o sistema e a ideologia vigentes serão barrados por um sistema ideológico midiático vigente, que envolve a opinião pública e a mídia e irão criminalizar seus opositores por meio de um sistema de leis.

O poder, de acordo com Foucault, atua em uma complexa rede de influências e não apenas pela ação do Estado, que é apenas mais um mecanismo dentro da engrenagem das relações de poder. O poder que emana das instituições, como o Estado, corporações, escola, exército e igreja é baseado na hierarquia e na disciplina.

Pelo fato de o poder ser utilizado de forma hierárquica e disciplinar, surgem as relações de subordinação: chefe-empregado, padre-fiéis, general-soldado, governante-governado, professor-aluno. É possível concluir-se que as relações de poder pressupõem a opressão e subjugação de um grupo pelo outro. Mesmo sistemas ditos como democráticos não prescindem da hierarquia e da burocracia, que atua baseada em leis.

Xamãs

Vamos entender os ensinamentos do arquétipo do Guerreiro, trazido por Angeles Arrien. Esse arquétipo trata do poder, da coragem e da autoconfiança.

O Guerreiro nos mostra que a autoconfiança e a prática do poder necessitam disciplina e responsabilidade. É preciso encarar a vida de frente e sem precipitação. Quando formos assumir o protagonismo em nossas vidas e o processo de elaboração do nosso Propósito, precisamos aprender a lidar com os "três nãos". Quando houver muito a fazer, "não" tenha medo; quando não houver nada a fazer, "não" se precipite; e "não" caia na armadilha de tentar rotular o certo e o errado, sendo melhor observar e refletir antes de julgar.

O Guerreiro precisa aprender a lidar com o poder. Existem três caminhos para o uso correto do poder: presença, comunicação e posicionamento. Ao trabalhar essas três dimensões, somos empoderados e adquirimos a autoconfiança para a nossa jornada.

O poder da presença nos mostra a importância de estarmos presentes integralmente no desafio que temos pela frente. Não é possível termos poder e confiança quando nos envolvemos pela metade. Temos poder em um relacionamento quando nos doamos inteiramente. Isso vale para nosso trabalho e prática espiritual. A presença se manifesta em nossa dimensão física (atitudes), emocional (como somos afetados emocionalmente), mental (nossas crenças e paradigmas) e espiritual (o domínio de nossas ações pela nossa essência).

O poder da comunicação ocorre quando temos habilidade em nos comunicarmos, alinhando o conteúdo do nosso discurso com um *timing* adequado, em um contexto correto. É preciso saber utilizar o tom de voz, a expressão corporal, gestos e demais instrumentos da comunicação. Logo, a construção do discurso deve ser amparada pela forma, conteúdo e tempo, a fim de que consigamos uma comunicação eficaz.

O poder do posicionamento é nossa capacidade de expressar aos outros nossa verdadeira opinião, aquilo que defendemos e acreditamos e quais atitudes tomamos em relação àquilo que defendemos. Não existe poder e autoconfiança se não nos posicionarmos corretamente. Não seremos respeitados se formos ambíguos e arredios. Ninguém confia nas pessoas que não são verdadeiras e diretas em suas ideias e atitudes.

O Guerreiro jamais se esconde atrás de outras pessoas. Quando isso ocorre, estamos renunciando ao nosso poder pessoal e reivindicando poder por meio de outras pessoas. Isso soa falso e sem credibilidade. Presença, comunicação e posicionamento, três fundamentos essenciais ao Guerreiro.

Plano de Poder Pessoal

Defina sua palavra de poder:...

Como você se posiciona em relação aos três princípios universais:

Vontade: o que mais lhe estimula? Qual é a coisa que mais o estimula e motiva?

....

....

....

Integração: como sua principal motivação pode integrar-se ao todo e à vida das outras pessoas?

....

....

....

Aprendizado: como você irá dedicar-se para aperfeiçoar sua atuação com aquilo que o motiva e com a necessidade de integrá-la ao todo?

....

....

....

Imagem pessoal:

Seu plano está alinhado à sua palavra de poder e àquilo que mais o estimula e motiva?

....

....

....

Como irá adquirir o conteúdo necessário à construção da sua imagem pessoal?

....

....

....

Que ações você fará para trabalhar sua imagem e comunicação?

....

....

....

Influenciador:

Qual será sua marca?..

Quais veículos utilizará para mídia *online*?

....

....

....

Investimentos na construção da sua marca (escreva o orçamento para cada uma das etapas)

Definição da marca: :...

Construção de *website*: :..

Redes sociais, *posts* e promoção: :...

Elaboração de conteúdos :...

Capítulo 6

O Grande Caminho da Transcendência

Introdução

O Grande Caminho da Transcendência traz a possibilidades de mudanças para nossas vidas, sair de um estado ou lugar para outro. Mas não é qualquer mudança. Mudar de emprego, de casa ou de relacionamento não significa transcender. São fatores superficiais, pontuais, que não irão mudar significativamente nossa existência.

Transcender significa irmos para um estado superior, igual a lagarta que se livra do seu corpo rastejante para se transformar numa magnífica borboleta e voar pelo mundo a fora. A transcendência exige um processo, algum fato marcante que irá mudar as nossas vidas. Doenças graves são excelentes instrumentos de transcendência. Podem levar-nos a uma vida superior com mais significado, tornar-nos pessoas melhores e fazer com que encaremos a vida de outra forma. As doenças também podem levar-nos à morte, a maior das transcendências da nossa vida terrena.

O Mundo do Céu mostra-nos que a morte faz com que transcendamos de um estado de realidade para outro, bastante diferente, como no caso da lagarta que se transforma em borboleta. No entanto, isto não quer dizer, ao morrermos, nos transformaremos em pessoas melhores. Mudaremos apenas de plano, do físico para o astral, mas continuaremos a ser as mesmas pessoas.

Então, para passarmos pela transcendência, precisamos de algo importante que mude as nossas vidas. Apenas o fato de sabermos que iremos morrer pode ser suficiente, pois isso leva-nos a refletir sobre as nossas vidas e o que temos feito delas. Pode fazer com que decidamos abandonar velhos padrões e crenças para assumir uma vida completamente diferente, com mais significado. Isto é transcender. A morte, então, passa a ser um mero detalhe.

Descobrir um Propósito ou Missão em nossas vidas e trabalhar para atingi-los é uma atitude de transcendência. Exige esforço, disciplina e dedicação, além de uma acurada capacidade de tomarmos ciência da situação que nos cerca para sermos senhores de nosso próprio destino.

O Mundo da Terra entende a morte, mas não conhece nada além dela. Então, transcender fica restrito a fatos da nossa vida cotidiana e às mudanças que são possíveis fazer.

Este capítulo irá tratar da transcendência pela visão do Mundo do Céu e do Mundo da Terra. Pelo pessoal lá de cima, abordaremos principalmente o processo de morrer, considerado um tabu para a maioria das pessoas, além de tratarmos dos seus reflexos, consequências e significados.

Pelo Mundo da Terra, trataremos a transcendência como algo ligado à nossa vida cotidiana e abordaremos a morte no sentido de algo que precisa terminar e ser eliminado do planeta e de nós mesmos.

No tarô, a carta treze é a carta da morte, mas não é tida como uma carta ruim. A morte, no tarô, significa mudança inevitável, rejuvenescimento, uma oportunidade para uma vida nova, desde que consigamos renunciar à nossa vida antiga.

Transcender traz perdas, necessita desapego, mas abre incríveis oportunidades. Todos nós deveremos passar por momentos de transcendência. Não é um processo tranquilo. No início, traz perdas, buracos e vazio, pois, igual à lagarta, estamos nos livrando de uma roupa que não nos serve mais. Vencida essa etapa, o processo traz novos invólucros, novos cenários e muitas vezes, pode trazer pessoas novas em nossas vidas. Então, a sensação que a transcendência nos traz é de total renovação, *religare*, renascimento. Por isso a morte deveria ser recebida com festa, música, dança e boa comida, pois estamos celebrando uma passagem única e sagrada, experiência esplêndida para quem se preparou para ela.

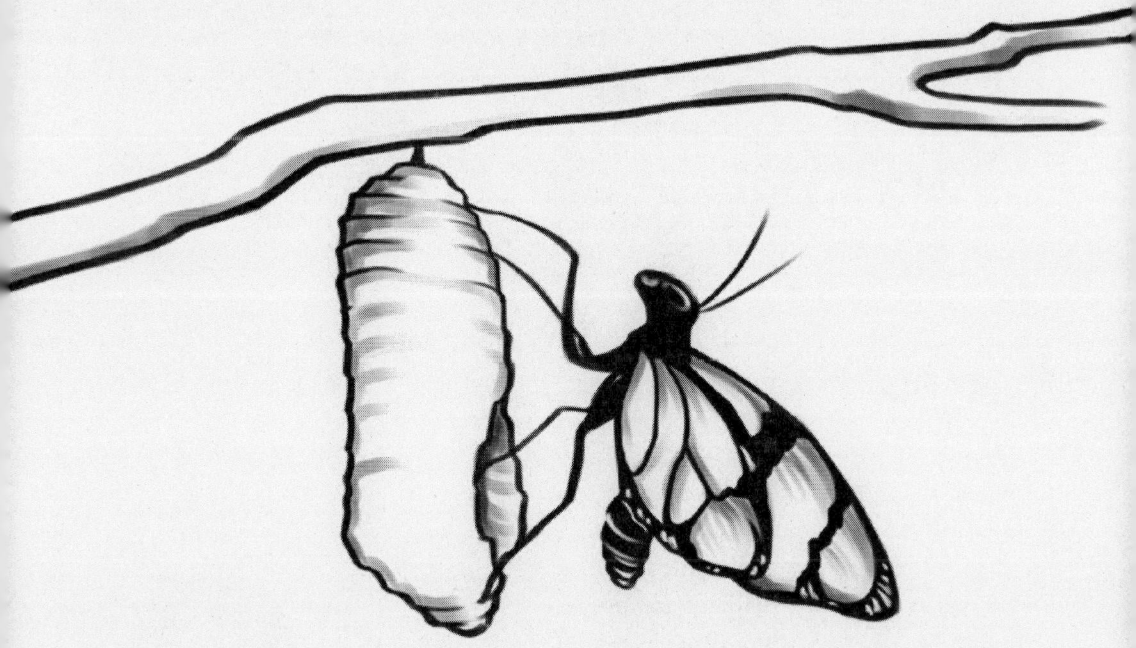

O Mundo do Céu

O que significa morrer?

A vida é um fluxo cheio de ciclos. Logo, sempre estaremos na direção de um ciclo para podermos começar outro. Mas a morte física não é vista de forma tão poética assim. Ela quase sempre está associada a sofrimentos, dores, separação, perdas e uma viagem ao desconhecido.

O Mundo do Céu possui inúmeras publicações que tratam da morte física e do além-morte. Afirma que a morte física é o encerramento da duração do nosso corpo físico e do corpo etérico, que pode acontecer por enfermidades que levam o corpo ao colapso, acidentes, homicídios, suicídios, ou pelo processo natural de encerramento das atividades do nosso corpo, a chamada, morte por velhice, desejo de todos nós.

Muitas seitas ou religiões que não pertencem ao grupo daquelas filosofias que compõem o Mundo do Céu, tratam a morte de forma nebulosa e confusa. Algumas dizem que se tivermos sido bonzinhos, viveremos no Céu, ao lado da Força Criadora, mas se tivermos sido maus, as chamas do Inferno Eterno nos aguardam. Pode parecer uma maneira meio infantil de enxergar o final da nossa existência no plano físico, mas vocês nem imaginam quantas pessoas têm esse tipo de pensamento.

Existem também os céticos ou materialistas, que não conhecem ou acreditam no Mundo do Céu, e entendem que a morte é o fim, isto porque, para eles, o plano físico é a única realidade no Universo. Também parece uma visão infantil, como aquela dos nossos amigos do gozo ou sofrimento eternos.

Quem se conecta aos ensinamentos do Mundo do Céu, entende a morte como o final de um ciclo é como a vida se renova, ou seja, esse final será sucedido por um novo começo. Para entender este processo, é preciso estudar os setes planos da existência, já tratados neste livro.

Mas a parte mais difícil do morrer, sem dúvida, é a separação de entes queridos. Uma grande prova de maturidade e desapego que poucas pessoas parecem estar preparadas para viver. Como é difícil ficar longe de uma mãe ou pai amados, ou, pior, de um filho querido. A saudade dói e corrói e representa uma grande prova para todos que certamente irão passar por ela.

Entender o processo de transcendência final de nossas existências no plano terreno é a única forma de vivermos o processo com mais serenidade. Sempre será difícil, mas pode não ser tão doído.

Praticar bons hábitos, ter uma boa alimentação, fazer exercícios e cultivar bons pensamentos e, consequentemente, bons sentimentos, é outra excelente forma de passarmos pela morte com mais conforto.

Morremos porque tudo é formado por ciclos e precisa de renovação. Mas, fugindo um pouco da morte física, precisamos estar sempre atentos para as diversas "mortes" pelas quais passaremos. Morreremos um pouco quando as pessoas que amamos morrerem, ou então, morreremos quando cumprirmos ciclos em nossas vidas, como a passagem da vida de criança para a de adulto. Morreremos também quando terminarmos algum relacionamento que não faz mais sentido em nossas vidas ou quando deixarmos hábitos e crenças limitantes irem embora para dar lugar a uma nova perspectiva de vida.

A médica Ana Cláudia Quintana Arantes, em seu livro *A morte é um dia que vale a pena viver*, faz uma interessante analogia entre a morte e a desintegração dos quatro elementos, terra, água, fogo e ar, em nossas vidas.

Segundo Ana Cláudia, o elemento terra sofre a morte, seja pela velhice, que tira a maciez e o viço de nossa pele, ou até mesmo o colapso dos nossos órgãos, que podem ser dilacerados por uma enfermidade.

O elemento água também se vai, com a eliminação da água e dos fluídos corporais, que não encontram mais sustentação no corpo físico, e se dispersam igual a água de uma tina velha e apodrecida. Pessoas que passam pela perda dos líquidos ficam mais introspectivas, reflexivas, como parte do processo de dissolução da nossa veste material.

O elemento fogo entra em extinção quando percebemos que a vida está fugindo de nosso corpo físico, mas ainda há tempo para vivermos intensamente e repensarmos aspectos mal resolvidos em nós. Isso significa que o final do elemento fogo traz oportunidades de aprendizado para nos tornarmos pessoas melhores.

Finalmente, o elemento ar encerra suas atividades quando nosso sistema respiratório para de funcionar e o último sopro se apresenta em nosso caminho. Num processo natural de morte, tentarmos desesperadamente prorrogar aquilo que é irreversível, como o uso de respiração artificial, apenas trará mais sofrimento para o doente e sua família. Morrer naturalmente e de forma serena representa o final mais adequado do nosso ciclo terreno... que trará espaço para um novo ciclo, como diz o Mundo do Céu.

A transição para o Plano Espiritual

Migrar do plano material ou terreno para o mundo espiritual significa, popularmente, morrer. O caminho inverso significa nascer. Parece algo muito simples, mas ainda é um assunto enigmático e que a maioria das pessoas desconhece e não tem interesse em conhecer.

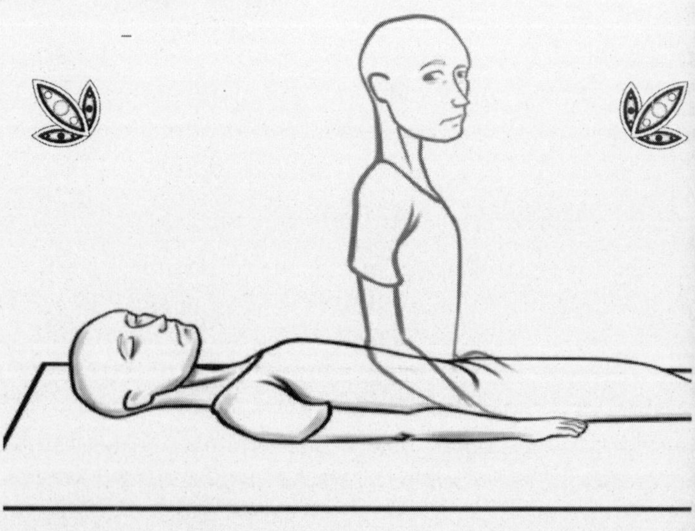

Estudar e entender um pouco sobre o processo de transição de um plano para outro deveria ser um assunto prioritário para todos nós, porque é uma certeza, e, dessa forma, deveria fazer parte dos nossos estudos.

Não estamos levando em consideração a tese daqueles que não acreditam na existência do mundo espiritual. Para essas pessoas, sugiro que pulem os textos do "Mundo do Céu" deste livro e concentrem-se apenas no "Mundo da Terra".

Fazer uma analogia entre o nascimento e a morte e sua relação com mundo espiritual faz bastante sentido. Quando nascemos, existe uma equipe de médicos e especialistas para nos ajudar a vir ao mundo. Chegamos fragilizados, totalmente dependentes e o rompimento do nosso cordão umbilical representa a passagem do plano espiritual para o plano físico.

A morte do corpo físico é bastante similar ao nosso nascimento. Quando estamos próximos da passagem, principalmente por causas naturais, uma equipe de médicos e socorristas do plano espiritual, do plano astral para ser mais exato, vem para junto de nós. Isto explica por que as pessoas próximas à morte enxergam pessoas de branco, muitas vezes, confundidas com anjos.

Essa equipe médica do astral faz um processo muito similar à equipe médica que nos recebe no nascimento. Eles ajudam na separação entre os corpos sutis e físico, rompendo o chamado "cordão de prata" que liga o corpo astral ao físico. Após o desligamento, o corpo etéreo ou energético também é separado dos demais e perde sua função, que é alimentar de energia cósmica o corpo físico e, então, ele se desfaz e sua matéria volta a alimentar o éter.

Quando nascemos no plano físico, nossos familiares sempre estão ao nosso lado, como nossos pais, avós, tios e amigos. Todos ansiosos em nos receber. Quando partimos para o plano espiritual, o processo é o mesmo. Parentes e amigos da nossa existência espiritual, e de outras, estarão nos esperando ansiosamente para nos dar as boas-vindas.

Do mesmo modo que nascemos indefesos, e até mesmo atordoados, o mesmo acontece quando nos desligamos do corpo físico. As equipes médicas colocam a pessoa recém desligada em estado de sono espiritual, sim, no plano espiritual também dormimos, e somos levados para hospitais ou espaços de acolhimento para que possamos acordar e nos recuperar.

Pessoas que morrem com enfermidades ou mesmo por acidentes, normalmente precisam passar por um período de regeneração nos hospitais astrais, a fim de terem sua estrutura espiritual reconstituída, já que as doenças e acidentes também afetam os corpos sutis.

Quando chegamos ao plano espiritual, é muito comum sermos recebidos por um ser espiritual que acompanhou toda nossa vida terrena. Muitas religiões os chamam de "anjos da guarda" ou mentores, guias espirituais. Normalmente são seres que possuem vínculos conosco de outras existências e que se propuseram a nos dar assistência na experiência terrena, que não é algo fácil de viver sozinho.

Uma pergunta que sempre vem, quando falamos de morte, é o que acontece com as pessoas que morrem após cometerem atos violentos, perversos e criminosos. Algumas religiões falam em fogo eterno, em regiões pantanosas cheias de sofrimento e sortilégios. Na prática, o que acontece é que, no plano astral, não existem máscaras. Somos reconhecidos e atraídos pelos pensamentos e emoções que emanamos. Pessoas boas e justas serão atraídas por locais astrais onde reina a bondade e a justiça. Pessoas cruéis e criminosas acabarão em locais onde existe a mesma vibração delas.

Nosso destino no plano espiritual não é determinado por uma mão divina, e sim pela Lei da Atração e Causa/Efeito. Mas como sair de uma situação de sofrimento no plano astral? Parece incrível, mas a resposta é simples: basta mudarmos a natureza daquilo que pensamos e sentimos. Sempre haverá uma oportunidade para todos aqueles que viveram no crime e na violência. Tudo dependerá apenas de nós, mas sempre haverá um amigo ou familiar do plano astral para vibrar e nos ajudar.

Outra pergunta frequente é por que temos que ficar nessa roda de nascimentos e mortes? Para que serve tudo isso? A resposta mais coerente que encontramos é que esta fase em que existimos em planos terrenos, é um momento de aprendizado e experiências. Quanto mais conseguimos refinar nossos sentimentos e pensamentos e nos conectar com a nossa essência, também chamada de Eu Superior ou centelha divina, mais estaremos nos despedindo da rede de existências e, então, conseguiremos focar e habitar planos cada vez mais sutis e felizes. Mas tem que ralar para chegar lá, viu?

Como conviver com a morte?

A resposta a esta pergunta é relativamente simples: conviver com naturalidade. Da mesma forma que convivemos com nossa infância, puberdade, amadurecimento e envelhecimento.

O Mundo do Céu deixa claro que, tecnicamente e essencialmente, não existe morte. Como as plantas nascem, florescem e morrem, o corpo material também segue os mesmos ciclos.

Muitos filósofos falam que o aspecto mais importante em nossas vidas é nos prepararmos para morrer. O que isto significa? Fazermos das nossas vidas uma jornada de aprendizado e experiências valorosas para que, ao chegarmos no momento da passagem ao plano espiritual, sintamos que nossa vida teve significado e que conseguimos cumprir nossa missão.

Todos temos uma missão no plano material. Não viemos aqui a passeio. Estamos aqui para aprender, ensinar, aproveitar das coisas boas que a vida nos oferece, sempre com equilíbrio e senso de justiça e coletividade. Isto significa que não viemos no plano terreno para sofrer, e sim para vivermos com prosperidade e com muita atividade, isto é, viemos para experenciar e construir obras notáveis para nós e todos que estão na mesma jornada.

Essa sensação de transitoriedade e impermanência faz com que não nos apeguemos demais às coisas terrenas. Elas existem apenas para que desfrutemos delas com responsabilidade por um breve período e, assim, possamos usar os recursos materiais a nosso favor.

E quando um ente querido faz a passagem, como conviver com esse momento sem tanto sofrer? Isso é algo fácil de falar, mas difícil de fazer. Pensarmos em ficar longe de pessoas queridas é algo que nos traz sofrimento, saudades, um aperto no peito. Porém, quanto mais aprendermos a conviver com a morte e estudarmos o assunto, mais fácil será o momento de nos despedirmos dos entes queridos, seja porque eles se foram, seja porque fomos nós que partimos.

Imagine como seria legal termos uma passagem com música, pessoas dançando, cantando, lembrando dos nossos fatos memoráveis e corajosos. Momentos em que demos o melhor de nós. Situações em que vivenciamos o Sagrado. Mágico isso!

Os céticos poderão dizer que não é possível ter certeza da continuidade da vida em outros planos. Mas se perdemos um pouco a preguiça e o ceticismo, e nos debruçarmos pelas mais importantes obras do Mundo do Céu, teremos respostas a muitas das nossas perguntas. Nem sempre o mundo físico palpável terá todas as respostas, mas a razão vai muito além da morada dos nossos sentidos.

A morte como momento de renascimento

Em nossa existência terrena teremos vários momentos semelhantes à morte. Quando abandonamos a infância e caminhamos para os momentos tortuosos da puberdade, estamos morrendo. Quando saímos da casa dos nossos pais para termos nosso próprio canto, estamos celebrando um momento de morte. Ao nos tornarmos pais, deixaremos morrer um período em que éramos mais egoístas e vivíamos apenas para nós mesmos.

Quando abandonamos um emprego que não faz mais sentido para nós, estamos dando passagem para que a morte renove a nossa existência com outra oportunidade.

Um relacionamento afetivo que acaba poderá trazer outras pessoas interessantes às nossas vidas. Poderá fazer com que voltemos a dançar e a nos divertir, com alguém que nos acompanhe nos momentos importantes das nossas vidas.

O momento da nossa aposentadoria é uma oportunidade de deixarmos morrer um estilo de vida mais apressado e ansioso para momentos de reflexão e escolhas maduras. Mas sempre com atividade. Aposentadoria, na verdade, não existe.

Percebam como nossas vidas são formadas por ciclos, para um nascer outro terá que morrer. Quando assumimos o papel de observadores, conseguimos não ser tão atingidos pelas ocorrências em nossas vidas. Isto não significa uma postura passiva, mas uma atitude desapegada e tranquila frente aos fatos que se sucedem em nossa jornada.

Essa postura de tranquilidade e consciência em relação à morte, encarando-a como momento de renascimento, é a postura mais espiritual que podemos ter. Ela nos livra das armadilhas do ego, uma vida com conforto eterno, busca pela aceitação dos outros e preocupação com o futuro.

A aceitação dos ciclos da vida, suas mortes e renascimentos, faz com que saibamos que será impossível termos apenas momentos de conforto. Haverá turbulências, dúvidas e inquietações. Mas quando um ciclo começa, outro se vai.

A postura consciente perante os diversos renascimentos irá tirar também o peso de tentarmos agradar sempre as pessoas na busca de reconhecimento e afeto. Conseguiremos entender que não precisamos viver tentando atender às expectativas dos outros. Temos compromisso apenas com a construção de uma jornada que faça sentido para nós mesmos. Afinal, no nosso último momento da vida terrena, estaremos apenas conosco, sós, mas muito bem acompanhados ao mesmo tempo.

Finalmente, a descoberta dos ciclos da vida irá tirar de nossas costas o peso do medo do futuro, daquilo que irá acontecer conosco. Saberemos que estaremos sempre nos transformando, mas quanto mais obtivermos significado superior em nossas experiências, cada ciclo que terminar dará lugar a outro mais especial e refinado. É a morte criando vida.

O Mundo da Terra

O que precisa morrer na sociedade?

O Mundo da Terra, como o próprio nome diz, cuida das coisas terrenas. O Mundo do Céu traz significado a essas coisas. Os dois mundos não vivem um sem o outro no plano terreno, ou seja, *corpus et anima*, corpo e alma juntos em eterna troca.

Na dimensão do Mundo da Terra, vamos fazer uma breve reflexão sobre aqueles pontos que precisam morrer para que a vida possa se manifestar. A seguir, veja alguns paradigmas que vem emperrando a evolução das diversas sociedades em nosso planeta.

Ilusão da separatividade

Significa pensarmos que estamos separados das demais criaturas que vivem no plano terreno conosco. Isto causa um sentimento de vazio e solidão e, ao mesmo tempo, uma sensação de impotência e inferioridade. Ao nos sentirmos separados, notamos que algo não funciona direito em nossas vidas, começamos a tentar estocar as coisas, nos transformamos em acumuladores e egoístas. Tentamos fugir para ambientes virtuais, a fim de que não precisemos pensar em como nos sentimos sós.

No âmbito dos negócios, surge a competição predatória, ou seja, a busca por crescimento e enriquecimento a qualquer preço. As empresas enxergam a concorrência como inimigos e as partes interessadas naquele negócio, sejam colaboradores, clientes ou mesmo a comunidade, são tratamos como ameaças, e não como uma rede de parceiros.

Entre as nações, a ilusão da separatividade traz as guerras, invasões e concentração de poder e riquezas. Um pequeno grupo de poderosos fará o possível para acumular todos os bens que puder e povos vizinhos, ou mesmo nações, serão vistos como inimigos. É a metáfora do cachorro com fome, que nunca é saciada.

Nas religiões, a separatividade faz com que cada facção entenda que é a única que possui a verdade. Guerras e disputas ocorrerão entre seitas e religiões, todos na defesa da posse do caminho exclusivo ao Sagrado. Como se existisse um Sagrado que separa, mutila e divide as pessoas e demais espécies.

A lógica da escassez

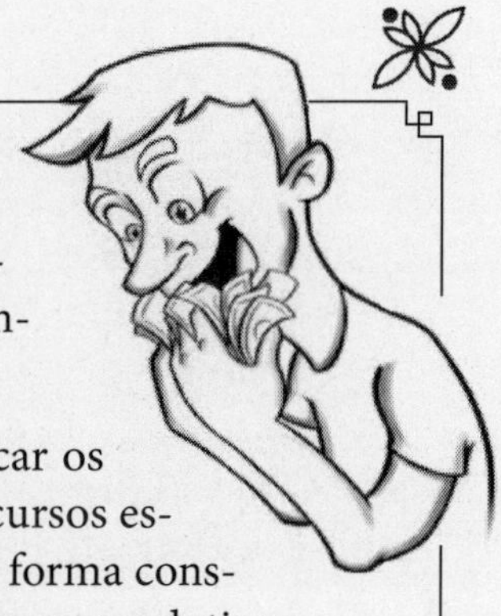

Este paradigma é filho do anterior. Separatividade leva à sensação de solidão e, ao mesmo tempo, de escassez. Tudo se torna árido, a vida fica ameaçadora e a fluidez e prosperidade perdem espaço para a tentativa de acumulação crescente, que leva ao desequilíbrio no sistema.

A economia é vista como uma ciência que procura alocar os recursos da melhor maneira possível numa realidade de recursos escassos. Realmente, os recursos são escassos, mas seu uso de forma consciente e equilibrada, com uma visão social do uso dos recursos produtivos, pode levar bem-estar a muito mais pessoas e nações.

Fazendo uma analogia com os ciclos de nossas vidas, a criança pode tender a ser egoísta ao entender que ela está sozinha em um ambiente estranho e ameaçador. Quando a criança cresce, toma consciência de que existem outras pessoas ao seu redor, tão importantes quanto ela e que também possuem suas necessidades. Isso faz com que o jovem aprenda a importância em repartir, cuidar do outro, viver em sociedade.

Os povos e segmentos sociais que vivem a lógica da escassez, e, portanto, assumem uma atitude acumuladora, centralizadora, não conseguem enxergar a necessidade dos outros povos e segmentos sociais. Tornam-se anestesiados aos anseios dos outros e são abastecidos de mensagens e valores que fomentam a lógica da escassez.

Os políticos que governam apenas para seus amigos e apadrinhados, esquecendo o povo que os elegeu, são um exemplo gritante da Ilusão da Separatividade e da Lógica da Escassez. O sistema político se torna a República dos Padrinhos. Cuidar dos filhos, parentes e amigos, torna-se a meta obstinada dos políticos que governam os países pelo mundo a fora.

A vida linear

Os sistemas econômicos entendem a produção de riqueza como uma grande linha de produção. Uma linha, não um fluxo circular. Isso faz com que a lógica do crescimento e exploração dos recursos naturais seja a premissa das economias ditas como maduras e desenvolvidas.

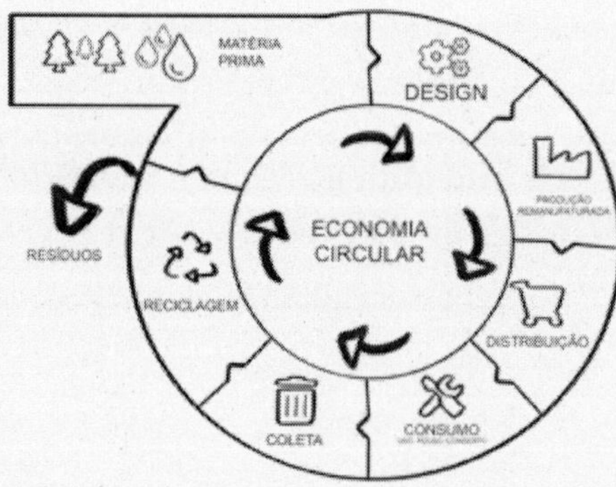

Mas a vida é circular, polarizada, permeada por princípios ditos como masculinos e femininos. A realidade se transforma em ciclos e todos os agentes se integram no processo de criação e destruição da vida.

Vocês conhecem alguma nação que coloca como prioridade a manutenção dos ecossistemas? Nos planos econômicos se fala apenas de crescimento, aumento de produção. Mas será necessário continuar a crescer o PIB dos países? O sistema econômico deveria ser baseado no crescimento acelerado ou deveria ter uma visão de vida circular, interligada e que deve preservar os recursos naturais?

Mas os políticos podem dizer que seus eleitores são imediatistas e pensam apenas neles próprios. Isso pode ser verdade. Vejam quantos políticos falastrões e populistas assumem seus mandatos com discursos de moralidade, anticorrupção e defesa dos bons costumes. É a mensagem certa ao público certo. E, assim, os sistemas políticos, sociais e econômicos não se renovam.

Educação para o trabalho

A educação é o principal instrumento para mudanças dos paradigmas anteriores. Uma educação transformadora leva à reflexão, à visão holística da vida e elimina a sensação de separatividade, escassez e a vontade de nos distrairmos para não termos que mudar.

A educação também pode levar à visão sistêmica, derrubando a lógica de uma vida linear, de crescimento infinito e que concentre recursos, causando desequilíbrios e pressões no ecossistema.

Mas a educação tradicional, oferecida pelos sistemas educacionais públicos e privados, possuem como meta transformar crianças em executivos bem-sucedidos. Então, os conteúdos são profissionalizantes. O jovem sente-se pressionado em escolher uma profissão enquanto as questões globais e existenciais são deixadas de lado.

A educação deveria incentivar o jovem a dar o melhor de si, sem dúvida. Isso o levaria de forma natural à escolha de uma profissão no momento certo, mas é preciso tratar os paradigmas limitantes e causadores dos desequilíbrios planetários.

Formar jovens que tenham acesso às questões existenciais e que tenham um compromisso global em seus projetos e nas suas buscas é a forma mais efetiva de derrubar os velhos paradigmas que insistem em continuar a conduzir nossas vidas.

A educação é o caminho para nosso Propósito. Isto é, uma visão coletiva de mundo, inclusiva, diversa, sem preconceitos ou perseguições a nenhum grupo, com respeito às opiniões e liberdade para que cada um possa fazer suas escolhas.

Quando a educação serve apenas como trampolim para que os alunos entrem numa boa e profissionalizante escola de nível superior reduz o seu papel transformador. Escolas militares ou religiosas tendem a reforçar a ilusão da separatividade e a lógica da escassez, criando muros e transformando a vida em uma linha de produção linear.

Estão aqui alguns paradigmas que deveriam ser tratados por meio de uma educação livre, laica e com visão holística, sistêmica e civilizatória.

O que precisa morrer em nós?

Falamos anteriormente sobre alguns paradigmas que vêm atrasando a evolução social há muito tempo. Verdades sinistras, causando separação, guerras, colonização predatória, desequilíbrio ambiental, concentração de riqueza e uma sociedade em xeque.

Vamos pensar agora de forma mais individual. A jornada exige que deixemos morrer aquelas crenças, valores e atitudes que emperram nossa jornada. Vamos falar um pouco sobre isso agora. Veja alguns caminhos tentadores que vão atrapalhar sua tentativa de criar um caminho que lhe traga significado e o ajude a construir seu Propósito.

O caminho do conforto

A vida não precisa ser sofrida. Precisamos buscar o prazer, a alegria e a aventura, mas, normalmente, as pessoas que construíram caminhos memoráveis não estavam preocupadas com o conforto em suas trajetórias.

Abandonar o conforto significa se arriscar, fazer escolhas que podem trazer desconforto, preocupações, mas que serão experiências magníficas. Todas as pessoas que deixaram sua marca no mundo tiveram vidas conturbadas, atribulações, encrencas, mas deram o melhor de si ao mundo.

Escolher uma profissão mais arriscada, com menos certeza de retorno financeiro, em troca de propósito é uma forma de fugir do caminho do conforto. Muitas pessoas irão buscar profissões mais "certeiras", mesmo que não saibam muito bem em que pretendem acertar.

Esta atitude de escolher o mais fácil e socialmente aceito é nossa tentativa inconsciente de não sairmos do caminho do conforto, pois, se fugirmos dele, muito mais do que dificuldades, teremos que encontrar nossos fantasmas, questionar aquilo que realmente é importante para nós, e isso pode trazer perdas, rupturas e escolhas difíceis. Mas os ganhos podem ser fabulosos.

Fugir do caminho do conforto é nos colocar em ação. Estarmos prontos para enfrentar obstáculos, criar projetos, ir contra a maioria, saber dizer não e vencer aqueles que nos oprimem. Tudo é dolorido, mas é libertador.

O caminho da aprovação

É um caminho bem perigoso. Viver nessa trilha significa sempre termos que fazer aquilo que trará aprovação das outras pessoas. Sermos queridos faz com que nos sintamos aceitos e valorizados. A necessidade de termos valor só existe quando, na prática, sentimos que não possuímos valor algum.

Essa busca incessante e insana nos leva a tomar decisões precipitadas e que não conversam com nossa essência. Mais uma vez, o exemplo da profissão mais adequada e que irá agradar nossos pais e familiares. Nesse caso, o *drive* não foi o conforto, mas a aceitação. O resultado? É o mesmo: uma trilha sem significado para nós.

Não há nada de errado em ter sucesso e ser bem-sucedido, mas a ordem tem que começar pela escolha da profissão que nos completa e permite que sejamos o melhor naquilo que fazemos e, ao mesmo tempo, que entregue um legado alinhado aos nossos valores.

Quando dizemos sim, mas na verdade queríamos ter dito não, estamos cursando o caminho da aprovação. Veja como isso nos distancia da nossa essência! Esta via também nos tira da ação, pelo menos daquela que vale a pena ser gerada. Veja que tudo isso exige coragem e, principalmente, autoconhecimento.

O caminho da distração

Esta terceira armadilha faz com que busquemos uma vida descomprometida. Uma existência cheia de brinquedos que nos distraem, representando a tentativa de escondermos a cabeça dentro da terra, igual ao avestruz. Os instrumentos midiáticos são o aparelho mais efetivo para nos distrair, entreter e nos deixar distantes de uma vida com mais significado.

Para nos distrairmos de forma constante é preciso que busquemos a cada momento as novidades que são disponibilizadas pelo mercado. Novos brinquedinhos eletrônicos, games, programas de televisão, interesse por assuntos mórbidos, fofocas. Mais uma vez, o sistema midiático é instrumento primordial para nos deixar

no "mundo de Alice" (alusão ao filme *Alice no país das maravilhas*), anestesiados, maravilhados com os novos sistemas, evolução tecnológica e ofertas digitais de novos *devices* e objetos de desejos.

Não vejam aqui uma crítica preconceituosa ao consumo e a uma vida de prazeres e confortos. Como já dissemos, existe prosperidade se não houver separatividade. O caminho da distração faz com que evitemos pensar em tudo isso. O hábito da pouca leitura é um sintoma da vida repleta de distrações. Leitura leva à reflexão, logo, acabamos por escolher programas curtos, engraçados, vídeos e séries que nos prendem a atenção e não nos levam ao questionamento de tudo que causa desequilíbrios e conflitos por todo o planeta, separando povos, segmentando classes, deixando etnias com um papel subalterno a outras.

Em suma, três caminhos, três armadilhas. Certamente existem outras. Precisamos deixar morrer em nós as barreiras que nos congelam a ação e a busca por significado. Conforto, aprovação e distração, três faces do mesmo labirinto. O efeito é o mesmo: o afastamento de nossa própria essência.

A Teoria U, o futuro que emerge

Para ilustrar o movimento de deixar as coisas morrerem na sociedade e dentro de nós mesmos, trazemos uma nova forma de pensar e construir a mudança, a Teoria U, criada por Otto Scharmer, do MIT.

Scharmer criou o *Presencing Institute*, espaço para ajudar as pessoas e organizações a se repensarem por meio de uma dinâmica que combina o pensar, o sentir e o agir. Veja aqui a tríade do Eneagrama presente e seus três caminhos de força.

A Teoria U mostra que, quando nos colocamos para a ação, fazemos uma trilha que se inicia no planejamento, implantação, medição e avaliação. Tudo ocorre numa lógica linear que não engaja os recursos que possuímos.

Scharmer nos fala que os processos de mudança não são ecológicos, isto é, não conversam e não integram todas as partes. Basicamente, nosso processo de mu-

dar ou deixar algo morrer dentro de nós deve conversar em três dimensões: conosco mesmos, com os outros e com o ecossistema.

Deixar morrer algo em nós deve abrir espaço para que algo maior possa nascer. Algo que mexerá profundamente conosco, ou seja, com nosso interior, nossas verdades e valores e, ao mesmo tempo, seja útil para a sociedade e ao ecossistema como um todo.

A Teoria U nos convida a trabalhar a mudança indo até o fundo das questões. Isto se faz necessário porque apenas o nível visível dos nossos eventos e crises não explica sua dinâmica. Sempre existem estruturas e esquemas escondidos de nós mesmos e que nos impedem de mudar. Podemos chamá-los de crenças limitantes.

Scharmer nos fala que, ao mobilizarmos todos os nossos recursos, representados pela nossa razão, emoções e vontade, "nossa tríade", conseguimos ter acesso àquilo que realmente impede nosso desligamento dos padrões ultrapassados ou que não estão deixando que nosso verdadeiro eu emerja. Se não os encararmos de frente, não iremos entender seus efeitos sobre nós e não nos livraremos deles.

Fluxo de mudança com a Teoria U, deixar o velho morrer para que o novo nasça

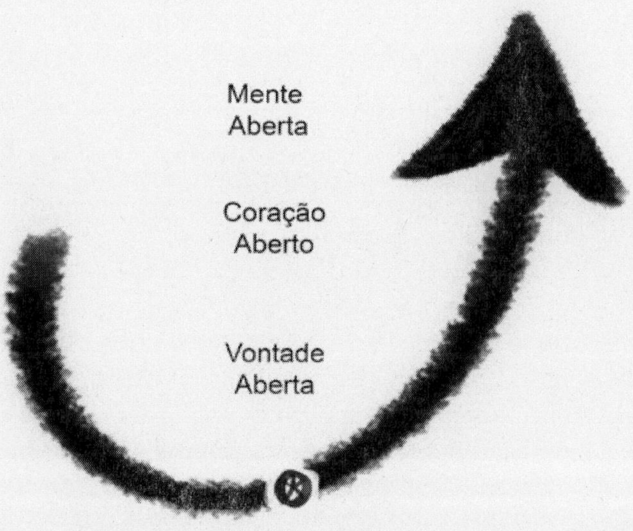

Quando você se mobilizar para mudar algo importante em sua vida ou na vida de alguma organização da qual você faz parte, é preciso começar conectando-se ao ambiente. Sem pré-julgamentos, perceba o que está ao redor daquilo que você não quer mais.

Sinta as sensações que aquilo traz a você, como seu corpo conversa com esse "ser", os efeitos que lhe traz. Deixe-se invadir pelo mundo sensorial e vivencie profundamente seu objeto de mudança, aquele candidato ao falecimento. Seja um observador e transforme o seu alvo de mudança em algo que está do lado de fora, enquanto você atua como observador. Deixe sua mente desnudar aquilo que não faz mais sentido em sua vida.

Deixe seu coração falar mais alto também. Quais emoções e sentimentos esse elemento a ser mudado traz em sua vida? Como você se sente quando ele toma a frente e lhe dita o que fazer, o que escolher e como viver? Pode ser que esse objeto de mudança assuma a forma de uma pessoa. Aliás, isto é muito comum, personificarmos as barreiras ao nosso redor, quando as barreiras são criadas por nós mesmos, principalmente quando trilhamos os três caminhos: conforto, aprovação e distração.

Passado o caminho da mente e do coração, agora coloque a vontade ao seu serviço. Isto é, mobilize-se para a ação de deixar o velho ir embora. Agora é a hora de "deixar ir" aquilo que está ocupando espaço sem lhe trazer o retorno necessário.

Scharmer fala que, ao permitir a morte do seu padrão, crença ou de algum evento concreto, você se coloca à frente de sua essência e de seus valores mais importantes. Isto significa estar presente integralmente. Agora você consegue sentir, pensar e agir de acordo com os eventos, projetos, crenças e valores que estão alinhados à sua essência. Você chegou ao fundo da situação porque perdeu o velho e ainda não ganhou o novo.

Agora nos resta o caminho de subida novamente, construindo uma nova realidade que irá conversar de forma ecológica conosco, com as outras pessoas e com o ambiente como um todo. Isto significa "deixar vir" e você fará uma declaração de intenção. O que realmente você busca?

Então, chega a hora da prototipagem, integrando mente, coração e mãos, ou seja, razão, sentimentos e vontade, todos na direção da ação, do novo projeto. Isto irá significar construir um protótipo do seu novo projeto ou ação. Com o acionamento de todos os seus recursos, e livre daquilo que não mais lhe traz significado, você desenhará seu novo protótipo, seu evento a ser trilhado. Assim, Seu projeto recém-prototipado será incorporado e a mudança estará completa. Você estará novamente no sentido ascendente e assim irá caminhar até que seja necessário deixar outros padrões, eventos e projetos morrerem e, assim, abrir espaço para o novo, que sempre irá querer brotar.

A Teoria U ilustra o conceito de crise e de sua superação por meio de todos os recursos que possuímos, abrangendo as três dimensões inerentes à mudança, a nossa ecologia pessoal ou interior, a nossa ecologia com os outros ou social e a nossa ecologia ambiental ou global.

Ressignificando nossa existência

Uma forma didática de explicar nossa vida seria traçarmos uma linha do tempo. Do zero aos 21 anos é o período de crescimento do ser para o mundo adulto. Falta de suporte para as questões existenciais faz com que procuremos ajuda entre familiares e amigos. O problema é que eles também não tiveram o suporte necessário às suas próprias questões existenciais.

Então, seguimos em frente amparados pelo efeito "manada" que faz com que sigamos um caminho parecido ao das pessoas mais próximas. Vamos procurar uma profissão com a qual tenhamos mais afinidade ou que nos pareça mais promissora.

Antes da fase adulta, temos alguns lampejos de engajamento a uma causa, principalmente na adolescência, uma maneira inconformada de encarar o mundo. Atuamos nos centros estudantis, partidos políticos e grupos de afinidade. Após esta fase, a maioria de nós segue o caminho das pessoas comuns, enquanto uma pequena parte continuará inconformada.

E o tempo vai passando. Aliás, como dizia o filósofo estoico Sêneca, o tempo é o único bem que realmente temos e o único que possui algum valor. Isto é, nossa vida vai passando e o nosso tempo vai se esgotando. O Mundo do Céu mostra que nossa jornada é uma de muitas, e o Mundo da Terra afirma que nossa jornada deve ter um significado maior, independentemente de ser uma ou muitas.

Ressignificar as nossas vidas representa otimizarmos nosso tempo para nos concentramos em projetos, tarefas ou estudos que irão nos tornar pessoas melhores e nos aparelharão para projetos de abrangência não apenas individual.

Principais instrumentos para ressignificação de nossas vidas

A ressignificação de nossas jornadas normalmente passa pela ampliação de nosso foco, do individual ao coletivo. Individual não significa apenas nós mesmos, mas também nosso círculo familiar e de amigos. É o nosso pequeno mundo. Ressignificar representa mudar o foco para também uma abordagem coletiva. Não precisa ser o mundo todo, pode ser nossa rua, nosso prédio, a comunidade do entorno.

A questão-chave é pensarmos em soluções que tenham o potencial de melhorar a vida das pessoas como um todo. Esse é o movimento que nos leva a preocupação com as pessoas de forma global e sistêmica e essa mudança representa o primeiro instrumento de ressignificação.

Participar de grupos de afinidade é outro instrumento muito efetivo. O grupo nos fortalece. Projetos de ressignificação onde não há espaço para mais pessoas participarem é no mínimo estranho. Podemos pensar numa reforma interior inicialmente, mas ela nos levará ao coletivo quase que de forma irresistível.

Ingressar em cursos acadêmicos ou livres também representa outro instrumento muito poderoso de ressignificação, além de aliar a fortaleza dos grupos de afinidade, porque a turma do curso também representa um grupo desse tipo. Os cursos de ressignificação são compostos por disciplinas de autoconhecimento, reflexão socioambiental e projetos de mudança social, além de aspectos que envolvem as artes, filosofia e estudos de espiritualidade. Não tem como fugir das ciências humanas ao tentarmos ressignificar nossas vidas.

Iniciar determinadas práticas também é um excelente instrumento de ressignificação. Atividades como yoga, meditação, alongamento, artes marciais, entre outros, podem deixar o corpo mais preparado e o espírito mais alerta. Isso ajuda em muito na ressignificação.

Palavras dos Filósofos e Xamãs

Traremos neste tópico as palavras de um filósofo que refletiu sobre a morte e a vida, sua finitude e significado: Schopenhauer; e pelo xamanismo, a palavra do Visionário.

Schopenhauer

Arthur Schopenhauer é um entre muitos filósofos que se debruçaram sobre a questão da morte. Para o autor, a morte é um ponto chave da filosofia. Os animais não possuem conhecimento ou reflexão sobre o final de suas vidas e, dessa forma, vivem seu ciclo de forma natural, sem nenhum tipo de medo ou ansiedade pela sua finitude.

A filosofia traz ao homem a reflexão sobre as suas questões existenciais e a morte surge como aspecto chave da reflexão filosófica. A razão da espécie humana e o contato com a filosofia trazem a indagação sobre o antes do nascimento e o depois da morte, criando um espectro assustador de incerteza e desaparecimento.

Schopenhauer cita Sócrates ao afirmar que filosofar é se preparar para a morte. Aliás, nossa jornada deveria ter como um dos seus focos o entendimento da morte, e entendê-la como o final de um papel que estamos interpretando, dependendo apenas de nós mesmos o final trágico ou cômico dessa situação novelesca.

Para o autor, "a morte é uma tarefa a ser cumprida", isto é, existe uma construção que culmina no momento máximo de nossa encenação, a passagem, a transição, a transcendência, mesmo que não haja consenso sobre o tipo de mudança que ela representa. Se vale a pena viver, e a morte faz parte da vida, então a morte também vale a pena.

O autor afirma que, se viemos do nada, não há por que sofrer; apesar dele defender a existência de uma essência indestrutível em relação aos ciclos de nascimentos e mortes, porém sem citar de forma explícita os conceitos de alma ou espírito, como ocorre com outros filósofos. O dilema humano em relação à morte significa o paradoxo entre o ser e o não-ser. O que aflige os homens é a possibilidade de vir a deixar de ser, mesmo que, antes do nascimento, o homem já tenha passado por este estágio.

A vontade humana representa a continuidade da vida após a morte. Isto é, por mais que a vida seja efêmera e se desvaneça com a morte, a vontade sempre viverá, como um conceito coletivo de existência, e que traz intenso significado quando o homem se enxerga como um ser coletivo.

O Visionário

O caminho do visionário pode trazer a reflexão sobre a morte ao afirmar que o homem deve compartilhar seus objetivos criativos e seus sonhos, que devem tornar-se objetivos de vida. Esse processo faz com que a morte não mais exista. É o caminho que importa, o fim não tem muita importância.

Na jornada entre nascimento e morte, o que importa é darmos plena expansão de nossos dons, talentos, recursos, enfrentando testes e desafios. O autoconhecimento garante a ressignificação de nossas vidas, pois quando conhecemos quem somos, conseguimos viver uma existência com autenticidade. Esconder quem somos para sobreviver nos traz apenas sofrimento.

Viver uma vida de forma consciente pode levar a feitos notáveis, e isso apenas ocorre quando enxergamos as coisas como elas são e não fazemos idealizações tolas. Ao negarmos a realidade, estamos escondendo nosso medo do conflito e buscando a necessidade humana de paz e harmonia a todo custo. Quando exageramos demasiadamente as coisas, estamos buscando a aceitação com a utilização do exagero e da fantasia.

A criatividade é o caminho humano para vencer a finitude que é trazida pelas nossas obras, baseadas na verdade e na comunicação clara e ativa. Quando o Visionário atua com autenticidade, visão da realidade e criatividade, pode-se afirmar que ele está superando a morte e trazendo à existência uma transcendência segura e com destino certo, com base em nossas obras.

Plano de Mudança Pessoal

Quais foram suas últimas obras que podem ser consideradas notáveis?

....

....

....

....

....

Quais barreiras você tem encontrado para manifestar o que há demais valioso em você?

....

....

....

....

....

Quais aspectos deveriam morrer em você para que o novo possa nascer?

....

....

....

....

....

Pense nos seus hábitos e como eles interagem com sua jornada:

O tempo gasto com *internet* ou TV?..

O tempo dedicado ao trabalho? ....

A dedicação à sua família? ....

Suas práticas diárias? ....

Avalie as práticas que podem ajudá-lo na transição do velho para o novo?

....

....

....

....

....

Coloque em duas colunas:

Isto irá morrer para	que isto possa nascer
....	....
....	....
....	....
....	....
....	....

Capítulo 7

O Grande Caminho do Engajamento

Introdução

O Sétimo Grande Caminho trata do engajamento, que significa nos colocarmos em ação de forma consciente das nossas limitações, fraquezas e fortalezas. Essa construção exigirá uma reflexão sobre os nossos pontos críticos dos caminhos anteriores.

Como a saúde interferirá no nosso engajamento? E nossa condição financeira? Relacionamentos? Estamos preparados para transcender e mudar aquilo que precisa ser mudado?

Neste capítulo você descobrirá o engajamento pela ótica do Mundo do Céu e da Terra. Descobrirá como nosso projeto de propósito foi idealizado antes de chegarmos à Terra e seus impactos em nossas existências futuras, pela ótica do Mundo do Céu.

Saberá também as mudanças que o mundo precisa pela ótica do Mundo da Terra e terá recomendações de dez possíveis áreas para as quais você poderá direcionar o seu projeto de propósito, sua obra-prima.

As três grandes necessidades do ego: conforto, aprovação e conhecimento do futuro também surgirão no caminho da sua obra-prima. Como superar esses aspectos bloqueadores?

O conhecimento de sua âncora de personalidade, presente no Eneagrama, lhe dará apoio na definição do seu projeto, iniciado com a definição da sua palavra de poder.

Engajamento é o nosso projeto em ação, após a superação das barreiras dos outros Grandes Caminhos e dos limites impostos pela nossa personalidade. É o resultado da nossa caminhada, autoconhecimento, descobertas e consciência da jornada que vale a pena ser trilhada por nós.

Divirta-se ao encarar aquilo que há de mais precioso em sua existência: seu Propósito, legado, missão ou obra-prima que você deixará ao mundo!

O Mundo do Céu

O que o Plano Espiritual espera de nós?

O Mundo do Céu já nos explicou que nossa jornada é meticulosamente preparada antes de aqui chegarmos. Tudo foi planejado para que tivéssemos uma existência notável no plano físico. Isso quer dizer que o plano espiritual possui expectativas sobre as nossas vidas. Não devemos acreditar que nossa existência é sem importância e que ninguém está preocupado com ela.

O Mundo do Céu deixa claro que nossa passagem pelo plano físico significa um estágio em um campo de provas. A vida aqui é densa, os desejos são densos, as sociedades possuem uma forma densa de existir e o resultado é que nossa vida se torna um ótimo lugar para testarmos nossas capacidades.

Por que os atletas decidem disputar corridas nas montanhas? Subindo e descendo morros, enfiando o pé no barro e ralando seus corpos? É preciso tudo isso? Parece que não. Se eles não fizerem, sua vida irá mudar muito? Também parece que não. Mas por que eles correm provas de 20, 50, 100 quilômetros? Porque eles querem se colocar à prova. Precisam saber se possuem todas as fortalezas que os farão superar seus limites e chegar ao final da prova, pelo menos, como uma boa colocação.

O plano físico ou material (matéria densa) representa o campo de provas. Queremos saber se estamos preparados para vencer nossa preguiça, nosso orgulho. Precisamos testar nossa humildade, ao aceitarmos trabalhos ou funções menores do que aqueles que teríamos potencial para executar e, mesmo assim, darmos o máximo de nós.

Quando resolvemos retornar ao campo de provas chamado mundo físico, é feita toda uma preparação. Vocês acham que um corredor começa correndo 20 quilômetros? Não, ele precisa começar pequeno, melhorar seu condicionamento, mudar sua alimentação, trabalhar a mente e a concentração. Tudo isso para vencer a prova a qual se propôs a superar. A corrida exige planejamento, pensar em atividade por atividade, para, ao final, atingir o objetivo.

Antes de nos aventurarmos no mundo de matéria densa, que é o nosso, fazemos um plano de trabalho. Decidimos, em conjunto com aqueles que nos irão apoiar, nossa equipe de suporte e o que iremos experenciar. Quem serão nossos pais e quais valores principais eles irão nos transmitir. Fazemos contratos que envolvem as pessoas que serão próximas a nós, aquelas das quais iremos depender e aquelas outras que irão depender de nós. Definimos quais habilidades traremos latentes para que possamos usar nesta existência. Também seremos testados em nossas fraquezas a todo momento. Para alguns, serão provas ligadas ao uso do dinheiro, para outros, o teste envolverá nossa preocupação não apenas conosco, mas também com aqueles que nos cercam.

Iremos testar se temos determinação suficiente para começar e terminar nossos projetos. Podemos vir com um portifólio de competências para desenvolvermos a carreira de médico, termos uma família que irá nos apoiar e todo o cenário poderá ser desenhado para seguirmos esse caminho. Mesmo assim, podemos desistir e seguir outros rumos. Se houver uma mudança radical de trajetória, mas nosso propósito e nossos valores centrais não se perderem, poderemos fazer coisas notáveis em outra profissão, ou mesmo, sem profissão alguma.

Nem todos viemos ao plano físico para construírmos caminhos notáveis, mas para sermos notáveis no caminho que trilharmos. Podemos ser uma mãe que não teve condições de estudar e passou a vida cuidando da casa, da família, dos filhos e netos. Mas se fez essa verdadeira obra-prima com amor e dedicação, certamente vencerá a prova do mundo físico.

Buscar sucesso e louros é uma das armadilhas do ego, a busca por reconhecimento. Isso apenas evidencia nosso complexo de inferioridade. Sermos reconhecidos pelo que faremos em nossa jornada não é algo importante. Muitos gênios que a humanidade recebeu tiveram vidas miseráveis, perseguições e falta de reconhecimento. O que importa é o legado deixado e como a trajetória nos tornou pessoas mais sábias e experientes.

O mundo espiritual, que nos ajudou a preparar nossa vida no plano físico, espera de nós: dedicação, disciplina, criatividade, determinação e, principalmente, amor naquilo em que nos dedicarmos. Não necessariamente precisamos ser líderes, podemos ser o menor dos menores na escala social, mas se fizermos do nosso caminho uma experiência de dedicação com a capacidade de nos colocarmos a serviço, certamente venceremos a prova do plano denso que é este no qual estamos vivendo no momento. Isto significa que os outros planos possuem a expectativa de que tenhamos vencido as armadilhas do ego para ascendermos a outras paragens. Primeiro, uma prova de 5km, depois 10km, 20km, 50km, 100km etc. Em cada uma, preparativos e planejamento deverão ocorrer.

Fazendo uma analogia, é como se os testes provassem nossa capacidade de assumirmos posições mais complexas, que exigem competências refinadas e, principalmente, testarmos se conseguimos sair do nosso pequeno mundo e nos dedicarmos ao todo. A história mostrou várias pessoas que fizeram da sua vida, uma dedicação às ciências, às artes, à espiritualidade, entre outras possibilidades.

Mas é importante insistir, quem fomos e o que fizemos tem quase nenhuma importância para o Plano Espiritual. A maioria de nós não será lembrada por ninguém. Simplesmente desapareceremos, sem deixar nenhum vestígio. Mas se desenvolvemos competências intelectuais, morais e deixamos aflorar valores humanos em nossas vidas, teremos feito muito por nós e estaremos bem mais preparados para as próximas provas que o multiverso nos apresentar.

Nosso Propósito foi definido antes de nascermos

Nosso Propósito não é necessariamente algo glorioso e que nos tornará famosos e com nosso nome gravado na história. Isso ocorre apenas com poucos de nós e normalmente está ligado a seres que vieram em missões especiais ao planeta Terra.

Para a maioria de nós, nosso Propósito irá significar uma vida comum, mas reta, na qual teremos a possibilidade de exercitarmos nossas virtudes e, ao mesmo tempo, sermos testados em relação às nossas fraquezas. O resultado de tudo que fizermos com nossas virtudes ou fraquezas será a nossa obra em determinada existência. Se nossas virtudes prevalecerem e conseguirmos cumprir aquilo que foi planejado, podemos dizer que cumprimos nossa missão pois todos temos uma. Se a execução for primorosa, poderemos dizer que fizemos um obra-prima!

Conselho de planejamento do nosso Propósito

É composto por um grupo de seres que habitam outros planos de existência e que ajudarão cada um de nós e desenhar o melhor plano possível para que aproveitemos nossa próxima existência no plano físico.

Existe um chefe do comitê, representado por um ser experiente acostumado a planejar jornadas de diversos seres no plano físico. Também haverá a presença do mentor do ser que irá regressar ao plano físico, também chamado de "anjo da guarda" e sempre será alguém muito próximo ele. Normalmente será alguém com quem teve um longo histórico ao longo das diversas existências.

Outros seres auxiliares também irão compor o comitê, em função do que for planejado na jornada do postulante ao mundo físico. Poderão ser especialistas nos temas que irão preencher a nova jornada, como atividades artísticas, científicas, diversos tipos de trabalho, relacionamentos, entre outros.

Na maioria dos casos, o planejamento da nova existência não será apenas para a construção de feitos ou execução de determinadas tarefas, mas serão oportunidades para testarmos nossa capacidade de vencer as fraquezas que nos acompanham em diferentes "vidas". Não é fácil mudar determinado padrão que poderá se repetir por diversas existências.

Temas frequentemente presentes no planejamento das novas existências

Os principais temas que aparecerão em nossas existências no plano físico e que mostrarão se temos fortalezas ou fraquezas em relação a determinado assunto são:

Coragem: Seremos testados em relação à nossa força de vontade e coragem para assumirmos situações difíceis e arriscadas. A preguiça e o medo serão nossas fraquezas quando não conseguirmos vencer as situações mais duras que surgirem em nosso caminho.

Colaboração: Nossa capacidade de colaborarmos com outras pessoas, termos disciplina e buscarmos parcerias nas diversas situações que surgirem em nossas vidas mostrarão se conseguiremos nos relacionar e trabalhar em grupo. A dificuldade em colaborar e a insegurança serão as fraquezas a serem superadas.

Criatividade: O teste aqui será nossa capacidade de nos expressarmos e criarmos situações superiores, com a vontade de progredir e de contribuir para o todo. Orgulho e timidez serão as fraquezas que serão testadas, pois o processo de aprendizagem exige que tenhamos a capacidade de nos expor, mas sem deixar que o sucesso suba à cabeça.

Disciplina: Viver a experiência de sermos disciplinados, trabalharmos com afinco e termos foco é um desafio muito presente no planejamento das nossas existências. Uma vida metódica e com algum sacrifício irá nos dar ritmo para pensarmos em projetos mais ambiciosos. Todas as pessoas que levam uma vida humilde, levantam-se cedo para pôr comida na mesa das suas famílias estão exercitando uma das mais nobres virtudes.

Mudança: Ter a experiência de viver a mudança e saber conviver bem com elas é um tema comum nas nossas existências. Aqui, o excesso de cautela e postura conservadora serão testadas para que verifiquemos se estamos prontos para situações novas, mudanças constantes e sermos destemidos ao assumir um ritmo inusitado. Afinal, a mudança é a única constância em nossas vidas.

Compromisso: Aqui, iremos experenciar nosso compromisso com as outras pessoas, principalmente aquelas que dependem de nós, como pais, filhos, avós e até mesmo uma comunidade toda. Vencer o egoísmo e a indiferença para os problemas dos outros será a fraqueza a ser testada e em sociedades individualistas como as nossas, o teste será sempre algo crítico.

Sabedoria: Exercitar nossa capacidade de adquirirmos conhecimento, experiências espirituais e transformarmos essa prática em sabedoria é uma experiência presente em seres com diversas vidas anteriores, onde muito estudou e, talvez, pouco aprendeu. Cultura e conhecimento não são sinônimos de sabedoria, e sim ver a importância de colocar-se a serviço das outras pessoas e ser um ponto de luz nas vidas humanas.

Empreendedorismo: Seremos testados em nossa capacidade de sermos eficientes, administrarmos negócios e transformarmos ideias em produtos e resultados. Não se trata de um tema apenas materialista, porque apresentar resultados também é uma prática espiritual, mas o sucesso que virá de nossa atuação testará nossa humildade e perseverança.

Humanismo: Esse tema representa nossa sensibilidade para as dores da humanidade e das pessoas a nossa volta. Aqui nossas virtudes a serem testadas serão nossa generosidade, bondade e empatia para com os assuntos alheios. Uma existência onde o humanismo será exercitado representa uma vida com obras importantes para os seres do plano material e que irão nos testar a cada momento, como sempre ocorre com temas focados em nossa essência.

Como saber o que foi planejado para nós no plano espiritual?

Existem diversos instrumentos de autoconhecimento que foram divulgados pelo Mundo do Céu e que poderão nos ajudar a conhecer aquilo que foi definido para nós. A astrologia e a numerologia são exemplos de instrumentos muito poderosos para nos ajudar no conhecimento da jornada que buscamos, mesmo que de forma inconsciente.

Como saber se estamos no caminho certo?

Teremos a sensação de que estamos no caminho do Propósito que foi planejado quando sentirmos fluidez em nossas vidas, quando trabalharmos como se estivéssemos brincando, isto é, as coisas são leves e fazemos sem reclamar. Pessoas que vivem seu Propósito são inspiradoras, vibrantes, bem-humoradas e bons mentores para todos nós.

Como ter o apoio do Mundo do Céu em nosso Propósito?

O desafio de cumprir nosso Propósito, planejado antes de chegarmos aqui, exercitar nossas virtudes e superar nossas fraquezas não é algo trivial. Primeiramente, poucas pessoas têm a noção das suas existências anteriores e de tudo o que foi planejado e prometido na forma de contratos.

Normalmente temos apenas pequenas intuições daquilo que gostamos, buscamos e queremos viver. Mas a vida material é sufocante, cheia de estímulos que nos levam a um certo "sono espiritual", uma letargia que nos impede de seguirmos o caminho traçado anteriormente.

A ignorância em relação ao Mundo do Céu, ou uma visão distorcida dessa realidade pelas religiões, nos levam ou para uma vida espiritual sem "espírito", isto é, sem essência, ou nos afunda no materialismo, consumismo e egoísmo.

Mas como conseguir ajuda dos chamados planos invisíveis e dos emissários do Mundo do Céu? As recomendações estão vinculadas à busca pela conexão com esse mundo pouco conhecido e compreendido pelos meros mortais. Vamos ver algumas dicas para conseguirmos essa aproximação.

- Estude o Mundo do Céu. Veja nas recomendações bibliográficas algumas sugestões de bons livros para ajudar na conexão com os planos sutis.

- Pratique a intuição, deixando que o Eu Interior, a essência, possa tomar decisões e fazer escolhas em função dos sentimentos e orientações que recebe a cada momento. Os planos sutis estão sempre ligados a nós, mas, para conseguir a conexão, é preciso estar disposto a arriscar em função daquilo que vem de dentro.

- Engaje-se em projetos que o coloque a serviço das outras pessoas. A palavra caridade está muito batida, mas o que se espera é que seja possível ajudar de forma despretensiosa e sem esperar nenhum tipo de retorno.

- Pratique o anonimato. Temos muita necessidade de ficar em evidência e assim tentarmos nos livrar da armadilha da busca por reconhecimento é uma forma de escaparmos da armadilha da busca de aprovação e aceitação. Fazer coisas notáveis e ficar no anonimato é uma ótima forma de praticar as virtudes sem fazer alarde.

O resultado espiritual de cumprirmos nosso Propósito

Cumprir nosso Propósito é um fato notável. O Mundo do Céu nos fala que mais de 90% das pessoas não cumprem nem mesmo parcialmente o Propósito planejado. Atingirmos nossa meta é uma grande evidência de que nossas virtudes estão levando vantagem em relação às nossas fraquezas. Quanto mais conseguirmos superar as armadilhas que a matéria nos apresenta, mais estaremos nos qualificando para novas experiências e missões. Um Propósito leva a outro.

O resultado mais esperado e concreto de conseguirmos praticar nossas virtudes pela execução do nosso Propósito é nos libertamos da roda de existências no plano material. Significa a possibilidade de vivermos experiências apenas nos planos sutis e, assim, ficarmos livres das mazelas do plano material.

As religiões exploram essa realidade, mas não conseguem captar o processo como isso ocorre, por isso estamos trazendo as palavras do Mundo do Céu. A libertação do plano material não significa uma vida tediosa e sem desafios pela frente, mas, sim, irá nos colocar frente a desafios mais complexos e a compromissos com o Todo e seus diversos universos.

Ascender à realidade dos planos sutis nos tornará cidadãos planetários, ligados a hierarquias que constroem a vida no universo, suas leis e organizações das diversas sociedades coordenadoras do universo.

Existe uma complexa hierarquia nos planos sutis e quanto mais sutis forem os planos, mais iremos vivenciar os princípios construtores, formados pela Vontade, Amor e Sabedoria universais. Essa tríade norteia todas as grandes decisões das hierarquias superiores.

A vontade universal representa o princípio criador e a nossa capacidade de realizar. O amor universal traz nosso respeito e compaixão com todas as formas de vida no universo e a sabedoria universal coloca o aprendizado a serviço de realizações a todos os seres universais. Nosso Propósito deverá trazer elementos dos três princípios.

Outro resultado que podemos esperar de boas experiências em nossas existências é assumirmos responsabilidades superiores em setores dos universos. Isto não significa que nossas fraquezas desaparecerão, mas, sim, que tomaremos consciência delas e isto facilitará nossos esforços.

Finalmente, outro resultado muito interessante do nosso trabalho e nossas obras é a possibilidade de assumirmos o papel de mentores e instrutores e podermos ajudar outros seres a também vencerem suas fraquezas. Aprender, ensinar e entregar nosso Propósito representa um caminho contínuo e que nos leva a experiências notáveis.

O Mundo da Terra

Por que investir em nosso Propósito?

O Mundo do Céu diria que investir em nosso Propósito é a concretização do nosso projeto no plano material. O Mundo da Terra conhece apenas o plano material, então, como ele justificaria nosso investimento em nosso Propósito?

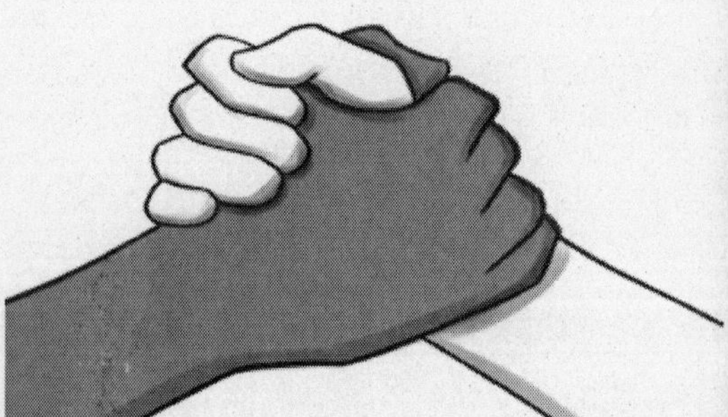

A mesma questão aflige as pessoas que não acreditam em nenhuma outra forma de existência além dessa em que vivemos no momento. Por que se esforçar, ser uma boa pessoa, um bom pai, uma boa mãe, se nossa vida se extinguirá em breve e nada mais nos espera?

Isso pode ser explicado pelo fato de os seres humanos possuírem virtudes em seu interior. Por mais que possamos defender que somos apenas um monte de matéria orgânica, temos sentimentos, valores, anseios, queremos progredir, ficamos felizes com a felicidade dos nossos filhos. Em suma, mesmo para o Mundo da Terra, existe uma irresistível atração para que façamos o melhor de nós em nossa jornada.

O Mundo da Terra também nos leva a cumprir nossa missão, porque temos a vontade inerente de fazermos o nosso melhor, sermos boas pessoas, deixarmos nossa marca e, assim, ressignificarmos nossas vidas.

É possível argumentar que nem todas as pessoas possuem esses sentimentos e desejos. As ciências humanas e a psicologia explicam essa situação como um distúrbio ou um desvio de personalidade. Isto é, traumas e fatos negativos durante a nossa vida pode fazer com que percamos o interesse no bem comum e no nosso desenvolvimento, mas isso não seria um padrão normal a ser considerado.

Veja a seguir, alguns benefícios em nos mobilizarmos para a realização do nosso Propósito.

Mobilizarmos nossa energia para uma determinada ação, que pode ser chamada de Propósito, faz com que tenhamos foco e consigamos melhores resultados em tudo aquilo que fizermos. Os efeitos positivos irão abranger nossa atividade profissional, nosso desenvolvimento humano, nossa saúde física e mental e nossa capacidade de nos relacionarmos. Ao nos engajarmos para realizar nosso Propósito, estamos colocando em ação todo o nosso potencial humano, que, sabemos, é quase infinito.

Quando estamos focados em nosso Propósito, conseguimos ficar mais direcionados ao aprendizado, porque todo o processo de construção é um caminho para aprendermos novos conceitos, teorias e colocarmos em ação, as práticas necessárias à construção do nosso projeto.

O engajamento para a realização de nosso Propósito também é um processo terapêutico, pois faz com que coloquemos energia e atenção em assuntos superiores, para resolução de problemas e para servir a sociedade de alguma forma. Paramos de pensar nas nossas mazelas, nossas dificuldades e limitações e descobrirmos que todas essas deficiências não existem na verdade, e, ao nos colocarmos na trilha do nosso Propósito, estamos nos conectando ao Todo, fazendo parte de uma grande aldeia e nos posicionando de forma plena em nosso meio social. O Propósito elimina a sensação de falta de pertencimento.

Finalmente, as experiências e aventuras que iremos viver ao construir nosso Propósito irão tornar nossa vida mais divertida e seremos pessoas mais realizadas. Aqui, o conceito de realização e sucesso são ressignificados, pois não se trata mais de uma conquista puramente pessoal, mas, sim, uma entrega com aspectos coletivos, e essa experiência mudará completamente nossas vidas, mesmo que não acreditemos na existência no Mundo do Céu. Nosso Propósito transcende a preocupação com crenças. Ele é um processo totalmente vivencial e experiencial. Um pragmatismo que leva a nossa construção plena como indivíduos e cidadãos.

Algumas causas que o mundo precisa

Quando decidimos focar em nosso Propósito, vem a dúvida: Em quais temas vale a pena focarmos nossos esforços? Certamente a escolha é bastante pessoal, mas nesta altura do livro, achamos interessante dar alguns "pitacos" de temas que estão em evidência e são de extrema utilidade ao Todo.

Meio ambiente e mudanças climáticas

Essa é uma frente que exige urgência em mudanças nas políticas e práticas dos países. Dedicar parte do nosso tempo e energia em projetos que amenizem os impactos das mudanças climáticas causadas pela degradação ambiental está entre as primeiras prioridades. Existem diversas entidades engajadas em projetos ambientais e, se você pretende entrar nessa roda, irá precisar se preparar, fazendo cursos sobre o tema, estudando sobre relações internacionais, processos industriais e sobre a realidade urbana e rural. Será uma causa que lhe trará muitas recompensas pessoais, pelo seu desenvolvimento, e coletivas, pelo impacto que seu projeto irá trazer ao mundo.

Tecnologia para a inovação

s superiores para o planeta com processos mais simples e menor consumo de recursos. O mundo precisa economizar seus recursos, que são finitos e a tecnologia pode ajudar a construir processos, equipamentos e novas formas de trabalho inovadoras para contribuírem rumo a um desenvolvimento sustentável e que reduza as desigualdades e desequilíbrios socioeconômicos.

Combate à pobreza

O mundo possui muitos recursos naturais, financeiros e tecnológicos, mas a maioria da civilização vive ainda em condições de pobreza e miséria. Isso é o resultado de sistemas socioeconômicos desequilibrados, que não levam em consideração as necessidades socioambientais das diversas sociedades. Combater a pobreza é um projeto de Propósito que irá usar recursos de outros projetos, pois é uma construção multidisciplinar.

Acesso aos produtos financeiros

Da mesma forma que a maioria das pessoas vive em situação de pobreza, essas mesmas pessoas não possuem acesso aos produtos financeiros, que existem para facilitar as suas vidas e dar acesso aos benefícios da modernidade. Garantir o acesso aos produtos financeiros, especialmente o crédito, pode ajudar pessoas de baixa renda a começarem uma atividade empreendedora e, assim, conseguirem sua emancipação e uma vida digna para suas famílias. O crédito também ajuda na aquisição de moradia, bens de consumo duráveis e não duráveis. Consumir também é uma ação de cidadania.

Terapias alternativas

As sociedades estão doentes física, emocional e mentalmente, em razão dos diversos desequilíbrios que encontramos. O resgate de terapias com o uso de recursos trazidos pela natureza, práticas milenares, como a meditação, yoga e técnicas de respiração podem ajudar de forma efetiva as pessoas para que consigam uma vida mais equilibrada e inserida no meio social de forma plena.

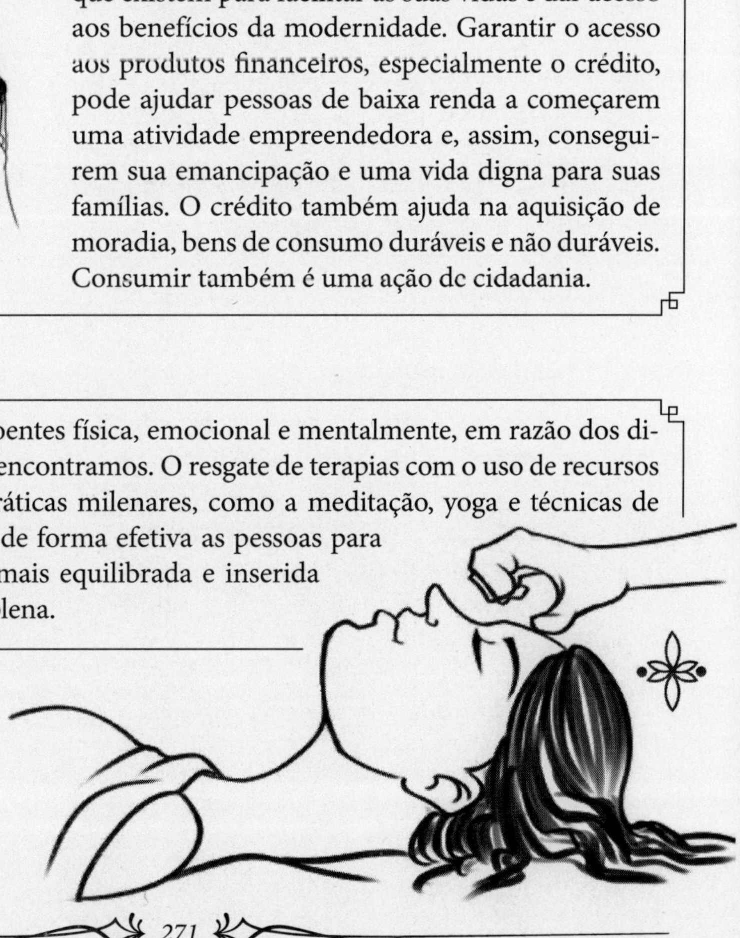

Saúde alimentar

Quando se fala em ações para promover a saúde, a primeira coisa que nos vem à mente é a construção de mais hospitais. Isso não é promover a saúde, e sim, tratar as doenças, que são o resultado de outro sistema desequilibrado. Um projeto de Propósito que promova uma alimentação saudável e que desenvolva projetos de produção de alimentos que sejam mais baratos e acessíveis terá um impacto nas sociedades de forma grandiosa.

Educação de jovens e adultos

Educação é necessária para todos, principalmente para crianças e adolescentes. Essa proposta visa focar no grupo de jovens e adultos, pois são aquele segmento social que ficou à margem da educação quando tinham a idade adequada para estudar. Agora, é preciso tirar o atraso e ajudar a equalizar desigualdades extremas que tiram as pessoas do mercado de trabalho e dificultam o acesso à renda e aos produtos e serviços de mercado.

Empreendedorismo social

Esse Propósito utilizará insumos da educação de jovens e adultos e de outras linhas de Propósitos e ajudará as pessoas e se prepararem para empreender, se possível, em projetos que tragam renda e cidadania para toda uma comunidade. Ao engajarmos grupos no empreendedorismo social, estamos incluindo financeira e digitalmente segmentos importantes dos grupos sociais, dando-lhes autonomia e emancipação.

Empoderamento feminino

Dedicar nosso tempo e energia para um projeto que trará poder às mulheres possibilita mudanças socais, culturais e econômicas em diversos segmentos da população, principalmente nos de baixa renda, que é onde as mulheres possuem papel mais central nas famílias e onde elas mais precisam de apoio no em relação ao desenvolvimento e, principalmente, ajuda para que não sejam vítimas da violência conta a mulher.

Igualdade racial

Existe uma grande oportunidade para criarmos projetos que combatam e desigualdade racial, principalmente na inclusão dos negros no mercado de trabalho e nos papéis sociais de protagonismo. Educação c acompanhamento sociocultural serão ações fundamentais nessa obra-prima e representarão um grande exemplo de emancipação de grupos sociais, trazendo a redução das desigualdades que dificultam a equidade.

Aqui listamos dez propostas de projetos de Propósito. Todos com viés social, cultural, político e econômico. Obviamente existem diversos outros tipos de projetos nos quais valerá a pena investirmos nosso tempo e energia. Pretendemos mostrar aqui, que, independentemente do Propósito que quisermos construir, ele terá muito mais efeito individual e coletivo se tratar do equilíbrio entre as relações humanas nos diversos grupos e trouxer redução nas desigualdades e desequilíbrios que explicam o beco sem saída na qual a humanidade se meteu.

Vencer o medo é o começo

Pode parecer trivial e óbvio que devemos nos engajar em algum Propósito, mas na prática isso não ocorre bem assim. Existe uma enorme resistência para que iniciemos um processo de mudança interior e ressignificação de nossas vidas.

As três armadilhas do ego são as primeiras barreiras a serem vencidas.

A primeira é a necessidade de conforto. Criamos a ideia falsa de que não podemos nos dedicar a projetos profundos de mudança interior porque isso nos faria sair da rota de conseguirmos o conforto que precisamos. A sensação de escassez faz com que percamos muitos anos de nossas vidas na busca de acumular bens, ou então, faz com que não busquemos nenhum caminho que irá nos colocar cara a cara com o conflito. Qualquer projeto de Propósito que traga mudanças levará ao conflito. Pode ser conosco mesmos ou com outras pessoas, pois iremos questionar os padrões estabelecidos e isso incomodará muita gente. O Propósito é um caminho de risco, mas também, de aventura. Ter uma vida com mais significado fará com que nos arrisquemos mais e desafiemos as verdades que nos foram vendidas.

A segunda é a necessidade de sermos reconhecidos e aprovados. Escolher um projeto de Propósito transformador fará com que desagrademos muitas pessoas, como nossos pais, irmãos, maridos, esposas e amigos. Provavelmente as pessoas irão falar que perdemos o juízo, que iremos nos meter em caminhos perigosos (veja a necessidade de conforto presente aqui também) e que não deveríamos mexer com essas coisas. Um Propósito transformador fará com que aprendamos a dizer não a tudo aquilo que não faça bem para nós. Isso exigirá que saibamos escolher muito bem aquilo que realmente buscamos e será necessário tomar decisões que mexerão profundamente com nossos valores e crenças. Lembre-se que o engajamento a um Propósito é um exercício de emancipação e liberdade.

A terceira é a necessidade de entendermos o mundo. Essa questão deveria nos levar a sermos exploradores, mas, em vez disso, causa extrema ansiedade e nos afunda na busca de regras e procedimentos. Ou, então, faz com que busquemos distrações para não termos que pensar em nossos medos e angústias. Um projeto de Propósito transformador irá colocar a necessidade de entendermos o mundo em outro patamar, pois não nos tornará passivos seguidores de modelos pré-estabelecidos, e sim pessoas críticas e questionadoras da realidade a nossa volta. O engajamento é a forma de sairmos do "casulo" e nos transformarmos em pessoas mais ativas, conscientes e atuantes. Assim entenderemos melhor o mundo, pois estudaremos a raiz de todos os grandes problemas presentes na humanidade.

Além das três grandes necessidades do ego, que nos afastam de quem somos ou podemos vir a ser, existem outros questionamentos e dilemas que emperram nossa capacidade de produzirmos Propósitos que tenham extremo significado para nós. Veja alguns deles:

"Na minha casa tudo sempre foi feito do mesmo jeito, não vale a pena mudar".

"Preciso cuidar da família, pois eles precisam muito de mim".

"Serei reconhecido pelo sucesso que conseguir atingir".

"As coisas possuem regras que não vale a pena mudar".

"Não tenho força ou recursos para seguir em frente com coisas grandiosas".

"Sou apenas um, não posso mudar nada sozinho".

"A vida precisa ser curtida enquanto for jovem".

"Se eu me aventurar, serei massacrado por aqueles que não gostam de mim".

"Não é correto desafiar e bater de frente com as outras pessoas".

Certamente nos deparamos com essas crenças em nossas vidas, mas o que pode ser dito, pela ótica do Mundo da Terra, é que "a vida é muito curta para ser pequena" (Benjamin Disraeli).

O caminho de construção do seu Propósito

Durante este livro, viajamos por Sete Grandes Caminhos: dinheiro/trabalho, saúde, relacionamentos, autodesenvolvimento, autoconfiança, transcendência e engajamento.

A mensagem que quisemos passar é que para estarmos preparados para nos engajar em algum projeto importante para nós, que chamamos de Propósito, é preciso nos prepararmos para o caminho. Isso exige que resolvamos as questões materiais do dinheiro e do trabalho; estarmos com a saúde em dia; entendermos e resolvermos nossos relacionamentos; definirmos um plano de autodesenvolvimento; ganharmos a autoconfiança necessária; sabermos mudar e transcender; e finalmente, estarmos prontos para nos engajar em nosso projeto de vida.

É importante que reflitamos sobre nossa situação em cada um dos Sete Grandes Caminhos, pois assuntos mal resolvidos em cada um deles, irão atuar como barreiras em nossa caminhada. O Mundo da Terra trouxe a você os recursos conhecidos amplamente por uma visão simplesmente terrena da vida. Pode ser que você se satisfaça apenas com essa visão de mundo.

Para aqueles que precisam de mais recursos e um novo olhar sobre a vida, trouxemos também o Mundo do Céu, que abriu o horizonte, resgatando o conhecimento milenar de escolas e líderes da espiritualidade. Cabe a você usar ou não esses recursos que lhe foram trazidos. Não existe caminho certo. O melhor caminho é aquele que nos leva onde queremos e precisamos ir.

Convidamos você a passar pelos Setes Grandes Caminhos e dedicar mais tempo para aquele que precisa ser mais bem resolvido, a fim de que não se torne um bloqueio em sua jornada. Se você não consegue ter uma vida financeira equilibrada, terá muitas dificuldades para construir seu Propósito. Se você não se preocupa com sua saúde e com sua alimentação, não terá energia para realizar os feitos necessários ao seu Propósito, e assim por diante.

Uma dica importante seria você conhecer qual é sua palavra de poder e assim, colocá-la no centro do seu Propósito como fator norteador. Uma análise profunda sobre seus aspectos de personalidade, facilmente analisáveis com o uso do Eneagrama, também serão de muita ajuda.

Por exemplo, se você tem no tipo 1 sua principal âncora, ou seja, se você se enxerga como um reformador ou educador, poderá definir sua palavra de poder como "educar" e, então, seu Propósito estará envolvido como o processo de educação do público que você escolher.

Ou, então, se você está ancorado no tipo 4 e se identificar com a palavra de poder "trazer beleza ao mundo", poderá criar um Propósito que trabalhe as artes em suas mais diversas manifestações, dependendo do chamado que fizer sentido a você.

Recapitulando...

O caminho da construção do seu Propósito passa pela visita aos Sete Grandes Caminhos de constituição dos seres humanos; pelo autoconhecimento, obtido com o uso do Eneagrama ou de outro instrumento da sua preferência; pela delimitação da sua palavra de poder; e, finalmente, pelo desenho do seu projeto de Propósito.

Bem-vindos à *jornada do Eu Integral*, uma trajetória construída por aquilo que faz sentido em nossas vidas.

Palavras dos Filósofos e Xamãs

Traremos neste tópico as palavras de um filósofo que sempre se preocupou com a importância do engajamento, Jean-Paul Sartre; e pelo xamanismo, traremos os arquétipos de Mestre e do Guerreiro.

Sartre

Jean-Paul Sartre, filósofo francês do século 20, principal representante do Existencialismo. Pode ser considerado como um autor que coloca a importância do engajamento no centro de sua obra. Foi um militante de causas políticas e exímio questionador dos sistemas dominantes de poder.

O engajamento para Sartre era o resultado da manifestação da liberdade humana, e, para ele, o homem apresentava aquilo que tinha de mais precioso quando se engajava. Mas, para o autor, a liberdade não poderia existir sem o senso de responsabilidade com o Todo. Logo, o conceito de uma liberdade descompromissada não fazia sentido num contexto de relações sociais complexas e interdependentes.

O engajamento está presente em todos os atos e escolhas das pessoas, inclusive em suas falas, pois, ao defender uma ideia, ele a transcende e engaja-se pela ação provocada por seu discurso. Não existe engajamento sem ação, e, dessa forma, o Propósito é o resultado prático do processo de engajamento humano.

Mestre/Guerreiro

O engajamento está presente no arquétipo do Mestre/Guerreiro do xamanismo. O Guerreiro coloca sua vontade a serviço de uma causa, de um propósito e cria sua realidade pelo uso dessa vontade constituidora.

O Mestre irá colher as impressões e conhecimentos existentes para embasar a ação manifestada na vontade do Guerreiro. Dessa forma, a ação ganha foco e direcionamento e seus efeitos prolongam-se muito mais.

O Guerreiro poderia dizer: "tenho uma causa que será guiada pela minha vontade e terá como efeito transformar a situação que agora encaro e na qual me coloco como agente de mudança".

O Mestre iria complementar: "Entendo cada um dos aspectos da situação com a qual agora me encaro e tenho instrumentos para tomar a melhor decisão e fim de ter uma solução mais duradoura".

Força e ímpeto do Guerreiro + compreensão e tomada de decisão do Mestre = ação efetiva e com efeitos duradouros

Plano para o seu Propósito

Tipo no Eneagrama ....

Palavra de poder: ....

Tema do Propósito: ....

Aspectos que pretende resolver:

....

....

....

....

....

....

Linha de ação:

....

....

....

....

....

....

Recursos necessários:

....

....

....

....

....

....

....

....

....

....

Cronograma:

....

....

....

....

....

....

....

....

....

....

Próximos Passos

Após você ter percorrido as páginas deste livro, chegou a hora de colocar em ação um pouco daquilo que foi assimilado por você.

Comece fazendo o teste rápido do Eneagrama, presente na introdução do livro. Ele lhe dará uma indicação do tipo de personalidade mais presente em sua vida. É uma informação importante porque a vida fica mais leve. Você descobrirá quais são suas crenças mais fortes, aquelas que o impulsionam ou dificultam sua caminhada.

No livro você terá várias dicas sobre como utilizar o conhecimento do seu tipo de personalidade em sua vida e para ajudá-lo na realização do seu Propósito.

Observe os Sete Grandes Caminhos e veja qual deles é prioritário em sua vida agora. Seria o momento de focar em suas finanças e fazer um planejamento, reduzir dívidas e começar a poupar? Ou sua prioridade é a escolha da sua carreira e/ou colocar sua atenção na sua vida profissional? E o Grande Caminho da Saúde está fornecendo-lhe a energia necessária para seguir em frente?

Os relacionamentos também poderiam ser um Grande Caminho a ser priorizado, além do autodesenvolvimento, Caminho que pode estar associado a outros e, assim, potencializar sua jornada.

Os últimos três Grandes Caminhos devem ser priorizados apenas quando os quatro primeiros estiverem equacionados. Não dá para começar uma casa pelo telhado. Os Grandes Caminhos da Autoconfiança, Transcendência e Engajamento são os estágios superiores do seu Propósito. Eles mostrarão aspectos sutis e refinados do seu projeto, mas desde que o caminho tenha sido pavimentado pelos primeiros quatro Grandes Caminhos.

Tudo é fluxo, tudo vibra e tudo deve estar vivo em nossa caminhada. Nos nossos diversos ensaios e experimentos, iremos errar, falhar, mas quanto mais tivermos vivenciado as diversas possibilidades dos Sete Grandes Caminhos, mais fortalecidos estaremos para seguir em frente e entregarmos ao mundo o melhor de nós, aquele legado que justificará tudo que vivemos, aprendemos e percorremos em nossas vidas.

Conte com o Eu Integral para apoiá-lo com conteúdo, vivências, imersões ou mesmo em atendimentos individuais e mentoria.

Eu Integral: www.euintegral.com.br

*Instagram: euintegral_*

Youtube: Eu Integral.

Leituras para o Seu Propósito

Helena Blavatsky: *A Doutrina Secreta, Ísis Sem Véu, A Voz do Silêncio.*

Rudolf Steiner: *Teosofia, Ciência Oculta, A Educação da Criança Segundo a Ciência Espiritual.*

Alan Kardec: *O Livro dos Espíritos, O Livro dos Médiuns, A Gênese.*

Hermes Trismegisto: *O Caibalion* (Inspirado em H. Trismegisto).

Gurdjieff: *Encontros com Homens Notáveis, Em Busca do Ser: O Quarto Caminho Para Uma Nova Consciência.*

Pretos velhos: *A Proto-Síntese Cósmica, Exu: o Grande Arcano, Doutrina e Teologia de Umbanda Sagrada.*

Annie Besant: *O Homem e Seus Corpos, Os Mistérios do Karma e Sua Superação, Cristianismo Esotérico.*

Edgar Morin: I*ntrodução ao Pensamento Complexo, Os Sete Saberes Necessários à Educação do Futuro, Ensinar a viver: Manifesto para mudar a educação.*

Peter Senge: *A Quinta Disciplina, Escolas que Aprendem, Presença: Propósito Humano e o Campo do Futuro.*

Otto Scharmer: *Teoria U, Liderar a Partir do Futuro que Emerge.*

Marie Curie: *Marie Curie No País Da Ciência* (inspirado nela), *As Cientistas: 50 Mulheres que Mudaram o Mundo* (inspirado nela).

Domenico de Masi: *O Ócio Criativo, O Futuro do Trabalho.*

Paulo Freire: *Pedagogia do Oprimido, Educação Como Prática da Liberdade.*

Maria Montessori: *A Formação do Homem, A Mente da Criança: Mente Absorvente.*

Eneagrama: A *Sabedoria do Eneagrama, A Dimensão Espiritual do Eneagrama.*

Filósofos: *Platão: A República, O Banquete; Adam Smith: A Riqueza das Nações; Karl Marx: O Capital; Nietzsche: A Gaia Ciência, Assim Falou Zaratustra; Rousseau: O Contrato Social, A Origem da Desigualdade Entre os Homens; Foucault: Microfísica do Poder; Schopenhauer: As Dores do Mundo; Sartre: O Existencialismo é um Humanismo.*

Xamãs: *O Caminho Quádruplo, O Caminho do Coração.*

Alan Kardec
Hermes Trismegisto
Annie Besant
Helena Blavatsky
Pretos Velhos
George Gurdjieff
Rudolf Steiner
Mundo do Céu
Propósit
Dinheiro e Trabalho
Saúde
Relacionamentos
Autodesenvolvimento
Autodeconfiança
Transcedência
Engajamento
I
II
III
IV
V
VI
VII
Otto Scharmer
Maria Montessori
Edgar Morin
Paulo Freire
Domenico de Masi
Perter Senge
Marie Curie
Mundo
da Terra

Dados Técnicos:

• Formato:	16 x 23 cm
• Mancha:	12,5 x 19,5cm
• Fonte:	Minion Pro
• Corpo:	11
• Entrelinhas	13,5
• Total de Páginas:	288
• 1ª Edição	2023